EDGAR WILLEMS
SOLFEJO
CURSO ELEMENTAR

adaptação portuguesa de
RAQUEL MARQUES SIMÕES

Nº Cat.: IVFB-2843

Irmãos Vitale Editores Ltda.
vitale.com.br
Rua Raposo Tavares, 85 São Paulo SP
CEP: 04704-110 editora@vitale.com.br Tel.: 11 5081-9499

© Copyright by Fermata do Brasil Ltda. - São Paulo - Brasil.
Todos os direitos autorais reservados para todos os países. *All rights reserved.*

CIP-BRASIL. CATALOGAÇÃO NA PUBLICAÇÃO
SINDICATO NACIONAL DOS EDITORES DE LIVROS, RJ

W683s

    Willems, Edgar, 1890-1978
        Solfejo : curso elementar / Edgar Willems ; adaptação Raquel Marques Simões. - 1. ed. - São Paulo : Irmãos Vitale, 2020.
        144 p. ; 23 cm.

        Tradução de : Solfège : cours élémentaire
        Inclui índice
        Prefácio, introdução
        ISBN 978-85-7407-197-8

        1. Educação musical. 2. Música - Instrução e estudo. 3. Solfejo. I. Simões, Raquel Marques. II. Título.

20-65927   CDD: 780.7
                                CDU: 780.71

Camila Donis Hartmann - Bibliotecária - CRB-7/6472

13/08/2020   17/08/2020

EDGAR WILLEMS
SOLFEJO
CURSO ELEMENTAR

PREFÁCIO

Foi ainda na primeira metade deste século que surgiu, por assim dizer, no mundo inteiro, o grande movimento em favor da educação musical. Educação passiva por meio de discos, rádio e concertos; educação ativa por meio do canto e do ensino da música.

Comporta este último um aspecto delicado: o solfejo.

Realizado até há pouco em bases exclusivamente cerebrais e teóricos, por esse fato criou freqüentemente nos alunos o desinteresse pela música. A partir do século XIX, tornado obrigatório nas escolas de alguns países, esse desagrado se generalizou ainda mais.

Impunha-se uma reação. Foi então que vários pedagogos tentaram criar um solfejo novo, com bases bastante vivas, que mantivessem a alegria com que a criança vinha para a música, e dessem aos adultos o que ela tem de belo e elevado.

É também essa a finalidade do nosso trabalho. Não somos os primeiros e rendemos por essa razão homenagem aos nossos predecessores que nos facilitaram a tarefa. Citamos, entre outros, Jacques-Dalcroze, Maurice Chevais, Laure Choisy, Frédéric Mathil, Maurice Martenot etc.

Dirigimos também os nossos agradecimentos à Excelentíssima Senhora D. Olga Violante, diretora dos serviços de música da Mocidade Portuguesa Feminina (Ministério da Educação), que nos encorajou no empreendimento deste trabalho e colaborou ativamente na adaptação portuguesa; à Fundação Calouste Gulbenkian, que prontamente acedeu a encarregar-se da edição desta obra.

Possamos nós realizar o fim a que nos propomos: tornar o solfejo e o conhecimento da música acessíveis a todos e dar à educação musical, nas escolas, o lugar a que tem direito.

Setembro de 1967

INTRODUÇÃO

O solfejo diz respeito, sobretudo, à leitura e à escrita da música.

Neste duplo aspecto é de *natureza intelectual*. Destinado porém a servir a *arte da música*, implica bases rítmicas e auditivas vivas, sem as quais o solfejo poderá afastar da música os alunos. O momento mais delicado na educação musical é aquele em que o aluno, depois de ter vivido os elementos essenciais, deve passar da *experiência prática à consciência refletida*.

Ora, é normal que todo o *ser humano* possa ler e escrever música com prazer. Por isso os educadores modernos, compreendendo as vantagens de uma cultura musical ativa, e não apenas *receptiva*, pretendem introduzir o estudo da música nos programas escolares de todos os ciclos.

No desejo de vivificarem o solfejo, alguns professores recorrem a *meios extra-musicais* como desenhos, as cores, fonomímicas etc, desviando assim o interesse que deveria centralizar-se nos valores musicais, auditivos e rítmicos.

Para nós a solução reside em *cursos preparatórios* à base de exercícios sensoriais, canto, ordenações elementares (sons e nomes), exercícios corporais para a prática e para o sentido do ritmo e da métrica e, destes, em especial o do tempo.

Atualmente, é indispensável ao professor de solfejo conhecer a matéria da Iniciação Musical Infantil e integrar-se em princípios psicológicos de base, como os descritos nas obras do método Edgar Willems. Sobretudo os professores não iniciados, deverão consultar estas obras freqüentemente no decurso do ensino do solfejo, sempre que se trate da solução de uma dificuldade ou da necessidade de aprofundar um princípio ou processo pedagógico:

Para a iniciação musical:
"La préparation musicale des tout-petits"[1], e
"Cadernos pedagógicos"[2];

para as bases psicológicas:
"Nouvelles idées philosophiques sur la musique"[2], e
"Les bases psychologiques de l'education musicale"[3];

para a educação auditiva, sensorial, afetiva e mental:
"L'oreille musicale" – tomo I[2] (preparação auditiva da criança) e
"L'oreille musicale" – tomo II (cultura auditiva, intervalos, acordes)

O livro *"Le rythme musical"*, do mesmo autor, pode também ser útil para a solução de alguns problemas rítmicos.

---

[1] - M. et P. Foetish, Lausanne.
[2] - Edition Pro Musica, Bienne.
[3] - Les Presses Universitaires, Paris.

No que diz respeito ao trabalho de canções, todas as indicações dadas neste livro se referem à obra *"Canções para a educação musical"*, de Raquel Simôes.

As lições de solfejo

Se os alunos de solfejo tiverem apenas uma hora semanal de música, propõe-se que as primeiras lições compreendam:
Quinze minutos de audição e ritmo, com improvisação;
Dez minutos de leitura à primeira vista;
Quinze minutos de ditado;
Vinte minutos de canto, destinado sobretudo à cultura artística.

Escolhido também com outros fins pedagógicos, o canto poderá prestar-se, mais tarde, a aplicações de ritmo, audição e nomes das notas.

Serão também exercitadas as diferentes *memórias*, cada uma no seu domínio, mas com interferências entre si.

É evidente que as diferentes partes da lição não serão cronometradas rigorosamente, mas sim encadeadas harmoniosamente num todo orgânico.

Havendo, além desta hora, aulas semanais de canto coral, o canto terá menor importância na lição de solfejo.

As *teorias*, reservadas em princípio à idade do raciocínio, devem servir – quando psicologicamente corretas – à tomada de consciência de realidades musicais *anteriormente vividas*, não devendo nunca preceder as experiências concretas, sonoras e rítmicas.

Em contrapartida, haverá toda a vantagem em realizar um mínimo de exercícios de sensorialidade da ordem das *qualidades do som*, do *movimento sonoro* e do *espaço intratonal*.

Nas lições de adultos, sobretudo particulares, poderão ser dispensados alguns destes exercícios preparatórios, na condição de serem realizados sempre que se mostre necessária uma maior firmeza nos elementos de base.

Depois dos exercícios sensoriais, merecem especial importância todas as *ordenações quantitativas*: dos sons, dos nomes das notas, das notas escritas, dos graus, dos intervalos.

Todas as lições deveriam manter o mesmo atrativo das lições pré-solfégicas. A música é suficientemente rica para isso e a iniciativa e capacidades do professor são, também no solfejo, de capital importância.

Todavia, o professor deverá precaver-se quanto à qualidade das suas iniciativas, que deverão ser sempre confrontadas com os princípios de base. É relativamente fácil fazer 'achados' (exercícios, aplicações etc), e é bastante mais difícil evitar os *erros psicológicos* numa iniciativa não controlada.

Quanto à disciplina nas lições, deve ser obtida pela própria música e pelo encadeamento dos exercícios sem hesitação, a fim de manter o interesse do aluno.

É certo que se exige do professor um duplo esforço: o de *adotar idéias novas*, o de *realizar princípios de vida* que exigem uma atividade humana nos três planos – físico, afetivo e mental – em atitude sempre viva. Pode-se porém assegurar a quantos se proponham seguir este ideal de educação musical, satisfações freqüentemente ignoradas e a possibilidade de uma *evolução musical-humana permanente*.

O professor, como os alunos, se beneficiará desta dupla atividade pedagógico-artística.

Os trabalhos para casa

Se as lições de solfejo forem dadas de forma que o trabalho das aulas se torne suficiente, o que será normal e aconselhável, os trabalho a serem realizados em casa não serão uma necessidade, sobretudo nas escolas.

Deixados à apreciação dos professores, podem, contudo, oferecer a vantagem de ajudar os alunos a melhor tomarem consciência dos elementos da música, a treinarem a escrita e a criarem hábitos de trabalho.

A experiência tem provado que a maioria das crianças realiza com *prazer* exercícios de grafismo e de escrita musical como, por exemplo, cópias de solfejos e canções, escrever canções de cor etc.

Mais tarde, serão de bastante utilidade os exercícios escritos de transposição de melodias de uma clave para outra.

Os exercícios de escrita são úteis sob diferentes aspectos:

1. Aprender a escrever é um elemento importante da educação musical, por vezes bastante desprezado.
2. Através da escrita, certos elementos da música são gravados e melhor e mais depressa no espírito do aluno.
3. Se escrevendo o aluno pensa nos sons, realiza um exercício de autocultura da audição interior.

Os exercícios de memória são da maior importância. Com freqüência, um dos trabalhos pedidos para casa será o de decorar um solfejo escolhido, pelos alunos ou pelo professor, dentre os mais musicais.

Este solfejo poderá ser escrito de memória, em casa ou na aula.

Conclusão

Antes de empreender o estudo do solfejo, é da maior vantagem que o aluno tenha beneficiado duma preparação musical como a que é dada nos cursos de iniciação infantil do método de Edgar Willems, ou seja, cursos pré-solfégicos e pré-instrumentais.

Porém, como nem sempre os alunos de solfejo trazem a preparação anterior necessária, este livro contém a indicação dos elementos mais essenciais dos cursos de iniciação, isto é, *elementos recapitulativos*, limitados ao indispensável.

PRIMEIRA PARTE
PREPARAÇÃO À LEITURA MUSICAL

Considerações gerais

Julgamos conveniente fazer uma distinção entre a *preparação* à leitura e a *leitura propriamente dita*, a qual se baseia na pauta dupla e comporta simultaneamente a leitura por absoluto e por relatividade.

Na preparação, incluímos elementos que denominamos pré-solfégicos, isto é, anteriores à escrita e à leitura.

Alguns dos principais dizem respeito às "ordenações elementares": dos sons, dos nomes, das notas escritas. A prática destas ordenações é da maior importância para a aquisição dos *automatismos de base*, auditivos, nominais, visuais e instrumentais, indispensáveis a todo o trabalho eficiente de solfejo, harmonia, improvisação e prática instrumental.

Naturalmente, estes elementos são já preparados no final da iniciação infantil. Mesmo neste caso, a *recapitulação* se impõe no início do solfejo, constituindo por vezes uma *consolidação* preciosa.

Limitamos muitas vezes os exemplos musicais ao indispensável, considerando normal, para o desenvolvimento da iniciativa e da imaginação, que professores e alunos os completem e multipliquem. Por outro lado, damos freqüentemente mais exercícios do que os necessários, tanto para a audição como para o ritmo; neste caso, não deve haver a preocupação de realizá-los na totalidade, de forma sistemática, mas sim de distribuí-los pelo decorrer das lições, adaptando-os segundo as necessidades. Aliás, certos exercícios elementares podem mesmo acompanhar estágios de desenvolvimento bastante avançados.

A preparação e os princípios do solfejo dão grandes responsabilidades ao professor.

O ensino pode variar segundo a *espécie dos alunos* e as circunstâncias do trabalho: crianças ou adultos, alunos de grandes capitais ou do interior, dos cursos de música ou das escolas de ensino geral, grupos ou lições individuais etc. Mas, para *todos os casos*, os princípios a seguir e o encadeamento dos exercícios que lhes dizem respeito mantêm-se iguais.

E – repetimos – os princípios da Educação Musical não dizem respeito somente aos *rudimentos* (primeiros elementos da técnica), mas também, e sobretudo, às *bases vivas* da arte musical.

Capítulo I
EXERCÍCIOS SOBRE AS TRÊS "ORDENAÇÕES ELEMENTARES" DO SOM, DOS NOMES, DAS NOTAS

A – A ORDEM DOS SONS DA ESCALA MUSICAL

Os exercícios de ordenação dos sons devem ser precedidos de um mínimo de prática do movimento sonoro pré-musical (subida e descida) levando à noção da altura do som. Pode ser feita com os diversos instrumentos utilizados no curso pré-solfégico, especialmente a flauta de êmbolo.

O movimento sonoro é a verdadeira base da música.

A ordenação dos sons, de natureza abstrata, é mais fácil de realizar com a utilização dos nomes das notas; mas esta facilidade constitui um perigo de cerebralismo, sendo necessário um mínimo de exercícios só com os sons. Aconselhamos porém partir da escala de Dó, cantada excepcionalmente com os nomes das notas, como elemento global introdutório.

Estas ordenações serão feitas no *modo maior*, por ser este o mais natural e a base da música ocidental. A consciência dos modos menores e outros está reservada para mais tarde, mas pode ser preparada por canções nesses modos, consideradas como elemento global, sincrético, precedendo naturalmente a consciência analítica própria do solfejo.

EXERCÍCIOS

1. *Entoar a escala* a partir de vários sons (dado o acorde da tônica) indicando com a mão o movimento de subida e descida (fonomímica elementar, sem associação com partes fixas do corpo).

2. *Realizar subidas e descidas de sons por graus conjuntos* (sempre precedidas da entoação da escala):

a) o professor indica com a mão o movimento sonoro que os alunos realizam cantando;

b) os alunos realizam por iniciativa própria o movimento sonoro, cantando e indicando com a mão;

c) o professor dita, cantando, movimentos sonoros que os alunos realizam com o movimento da mão;

d) os alunos fazem gráficos de pontos ou pequenos círculos, representando os sons em movimento de subida e descida: podem ser ditados, ou feitos livremente para leitura

(ex. •ᵒ•ᵒᵒ•ᵒ•   ou   ₒᵒᵒₒᵒᵒₒᵒₒ).

e) escrever, pela mesma forma, canções por graus conjuntos aprendidas de ouvido, algumas das quais (como "Tudo o que gira") poderão derivar em canção de ordenação de sons.

B – A ORDEM DOS NOMES DAS NOTAS

Os nomes das notas devem ser praticados, desde o princípio, de maneira a firmarem uma união automática, fácil e definitiva, entre os sons e os nomes. Para isso, é indispensável respeitar a ordem natural dos sete sons da escala.

A introdução dos nomes ligados aos sons traz uma facilidade incontestável a esta união. Partimos por isso da escala de DÓ cantada com os nomes das notas, antes do trabalho intelectual puro, sem som, que será feito a seguir e ajudará a vencer a preguiça cerebral de inúmeros alunos de natureza sensível, pouco inclinados ao trabalho abstrato.

Quanto às denominações ascendentes e descendentes ('fé' para fá sustenido, 'meu' para mi bemol etc), rejeitamo-las por impossibilitarem o primeiro trabalho fundamental de união entre as duas ordenações, sons e nomes, baseadas na escala diatônica de sete sons e sete nomes. Partindo de um falso princípio de simplificação, estas denominações complicam toda a educação musical.

EXERCÍCIOS

1. *Cantar a escala de Dó* com os nomes: dó-ré-mi-fá-sol-lá-si-dó.

2. *Cantar as outras escalas*: de Ré, de Mi etc. (Primeiro só os sons, depois com os nomes; eventualmente, ritmando de formas diferentes.)

3. *Exercícios abstratos*, sem cantar:
a) sobre uma ordenação retilínea, única[1], escrita no quadro, dizer os nomes das notas das sete escalas no sentido ascendente e descendente. As escalas terminam retornando-se às primeiras notas da ordenação:

Dó – Ré – Mi – Fá – Sol – Lá – Si

b) idem, sobre uma ordenação circular, também escrita no quadro. Os nomes são acompanhados de um movimento giratório da mão, acentuando-se, a cada volta, a primeira nota da nova escala: DÓ-ré-mi-fá-sol-lá-si-dó-RÉ-mi-fá-sol-lá-si-dó-ré-MI-fá-sol-etc.

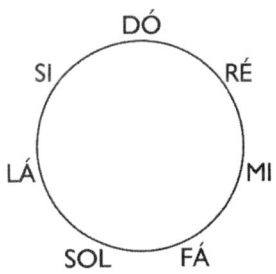

---

[1] - A experiência tem provado a existência freqüente, no subconsciente dos alunos, de uma idéia errada impedindo de constatar e viver o fato de que não há mais do que *uma única ordenação*.

c) dizer rapidamente a nota que segue ou precede a última de uma série que o professor enuncia: o professor diz: "dó-ré-mi", baixa ou levanta a mão, e o aluno responde "ré" ou "fá".

d) pensar os nomes das notas pela ordem e, sobre a escala ou em ordenação livre, alternar nomes pensados com nomes enunciados, designando uns e outros com um gesto convencional da mão.

e) recitar nomes das notas de ordenações como as que damos a seguir.

União de sons e nomes:
1. *Cantar com as notas* as seguintes ordenações[1]:

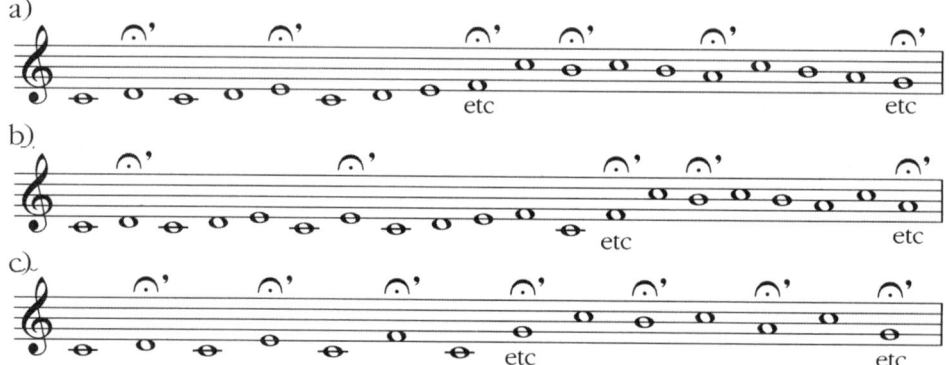

d) pequenos motivos de ordenação sobre a escala:

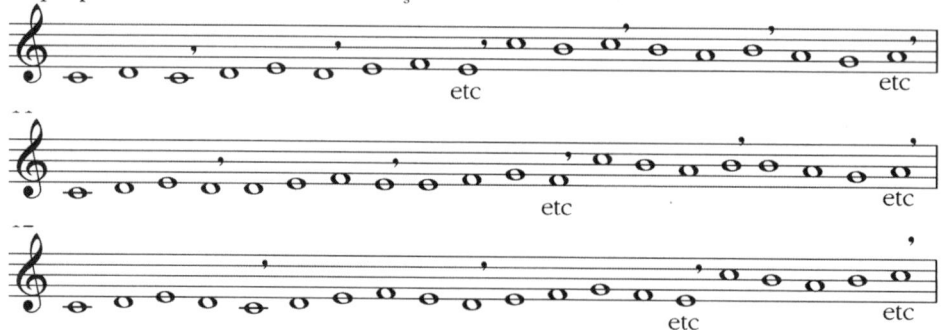

2. *Cantar movimentos sonoros livres* e variados por graus conjuntos, com os nomes das notas nas diferentes tonalidades (depois de cantada a respectiva escala).

3. *Exercícios de audição interior:* imaginar os sons com os nomes, na ordem da escala, e alternar sons cantados com sons imaginados, por indicação do professor ou por iniciativa própria, designando uns e outros com um gesto convencional da mão.

---
[1] - ⌒ = suspensão (nota rolongada); ’ = sinal de respiração

C – A ORDEM DAS NOTAS NA PAUTA

A título de introdução à escrita e leitura musical, praticam-se no curso pré-solfégico *gráficos de subidas e descidas* intratonais, assim como gráficos por graus conjuntos como os que indicamos na alínea A, 'Ordem dos sons na escala'. A prática destes últimos não precisa ser exagerada e a passagem à pauta pode ser feita rapidamente.

Deve-se fazer a escrita desde o princípio na pauta de cinco linhas e não uma linha, depois duas, depois três, para que não sejam criadas falsas associações.

Os alunos devem conhecer a numeração tradicional das linhas e dos espaços; todavia, esta numeração é secundária, porque, para efeito de leitura, a pauta deve-se manter mais visual do que intelectual: a terceira linha é, antes de tudo, a *linha do meio*. Esta característica sobressairá com maior clareza na pauta dupla, de onze linhas, pela sua natureza simétrica.

Conquanto o esforço do professor deva incidir em fazer evoluir a consciência dos alunos no plano concreto (sons e notas escritas) para o abstracto (símbolos e teoria), podem ser utilizados alguns meios de ordem intuitiva, como a flanela branca com pauta preta e sinais adesivos móveis, ou os cartões brancos pautados, com notas pretas móveis, mais de acordo com a escrita corrente nos cadernos, em preto e branco.

É o professor que deve avaliar a utilidade dos exercícios segundo a idade e natureza dos alunos, uma vez compreendidos os princípios psicológicos que respeitam o desenvolvimento da consciência musical.

Com os modelos que se seguem, poderá se fazer:

- Cópias dos modelos principais. (As notas serão feitas de um só traço (◐) e não em duas partes (◯), o que complica o trabalho inutilmente.)
- Exercícios de 'atenção visual', com leitura do movimento das notas por meio dos termos 'sobe', 'desce', 'fica' e 'salta'. Se necessário, pode também ser feita uma leitura de colocação das notas na pauta, com a designação de 'linha' e 'espaço'.
- Escrita livre, ou ditada, com os mesmos termos pelo professor.

1. *Apresentação da pauta simples*, de cinco linhas.
A pauta tem cinco linhas e quatro espaços:

```
―――― 5 ――――――――――――――――――
                              4º
―――― 4 ――――――――――――――――――
                              3º
―――― 3 ――――――――――――――――――
                              2º
―――― 2 ――――――――――――――――――
                              1º
―――― 1 ――――――――――――――――――
     Linhas              Espaços
```

2. *Modelos para exercícios de escrita na pauta:*

a) nas linhas:

b) nos espaços:

c) linhas e espaços[1]:

d) 1º espaço e 1ª linha suplementares:

e) subida e descida por graus conjuntos:

f) notas repetidas:

g) salto de uma nota (3ª):

h) escrita livre com saltos pequenos e grandes:

---

[1] - A escrita alternada linha-espaço constitui a primeira dificuldade real na escrita da música.

Capítulo II
LEITURA POR RELATIVIDADE NA PAUTA SIMPLES, SEM CLAVE

A leitura por relatividade constitui o nosso ponto de partida na leitura musical.

A relatividade tem dois aspectos: 1. o *auditivo*, baseado no movimento sonoro de subida e descida, razão da leitura entoada sem nomes de notas e sem graus ou com nomes de notas sem posição fixa (sem clave); 2. o *visual-cerebral*, baseado nas relações entre as notas, razão da leitura por terceiras e por intervalos simétricos e assimétricos.

Treinada na pauta simples (a pauta de cinco linhas), a aplicação faz-se naturalmente na leitura por clave, quer na pauta simples quer na dupla. Esclarecemos que a pauta simples utilizada com as oito claves provém, para nós, da pauta dupla e está incluída nela. Não tem portanto relação com o trabalho deste capítulo que é de pura relatividade.

Com a utilização dos nomes das notas encaminhamo-nos para as claves. Passamos isso rapidamente à pauta total, de onze linhas, para evitar que os alunos adquiram o hábito de ler sem preocupação de clave. A leitura por absoluto (por clave), indispensável, virá então associar-se à leitura por relatividade, que manterá sempre, do ponto de vista musical, o direito de primazia.

Desde o princípio, o canto deve ser sempre *musical* e não cerebral ou mecânico; a música não está nas notas mas sim *entre as notas*. Para auxiliar a musicalidade da leitura, o professor pode apoiar a entoação com acordes, de preferência funções tonais muito simples. Damos alguns exemplos nos primeiros motivos; os professores continuarão a realizá-las nos números seguintes, mesmo sem indicação.

A entoação sobre estes motivos será:
a) exercícios de 'atenção visual' sobre o movimento das notas;
b) entoar a linha melódica (cada número parte de uma tônica);
c) dizer a seqüência dos nomes, sem cantar;
d) cantar com os nomes das notas nas várias tonalidades (sempre precedidas da respectiva escala).

A – LEITURAS POR GRAUS CONJUNTOS
"Música desde o princípio; música sempre."

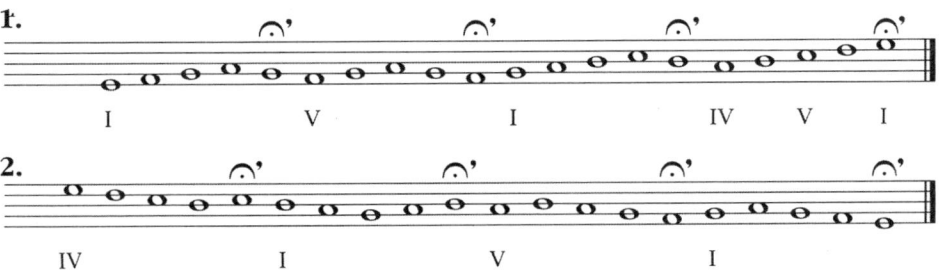

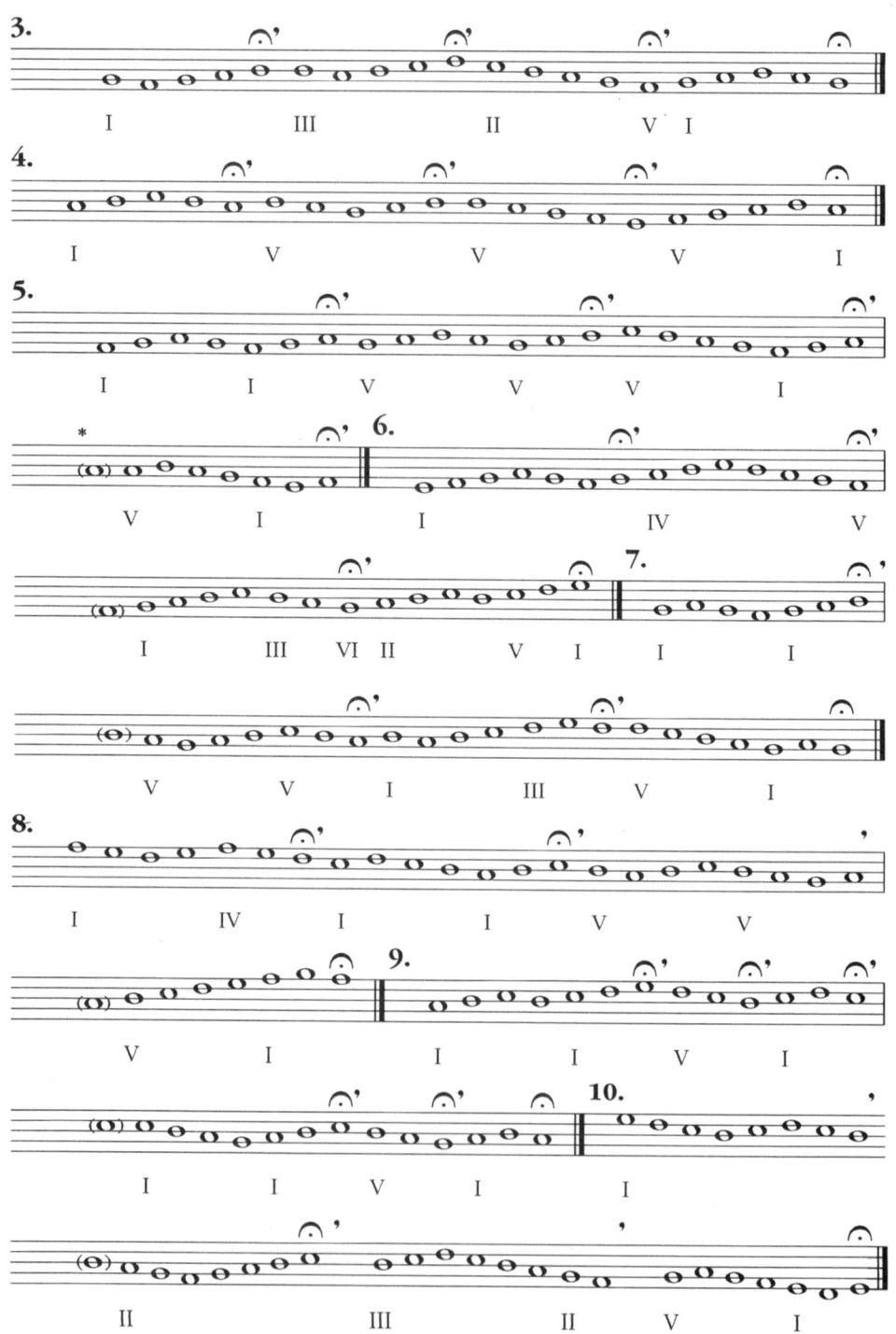

* - A nota entre parênteses relembra a última nota da pauta anterior.

B – GRAUS CONJUNTOS E NOTAS REPETIDAS

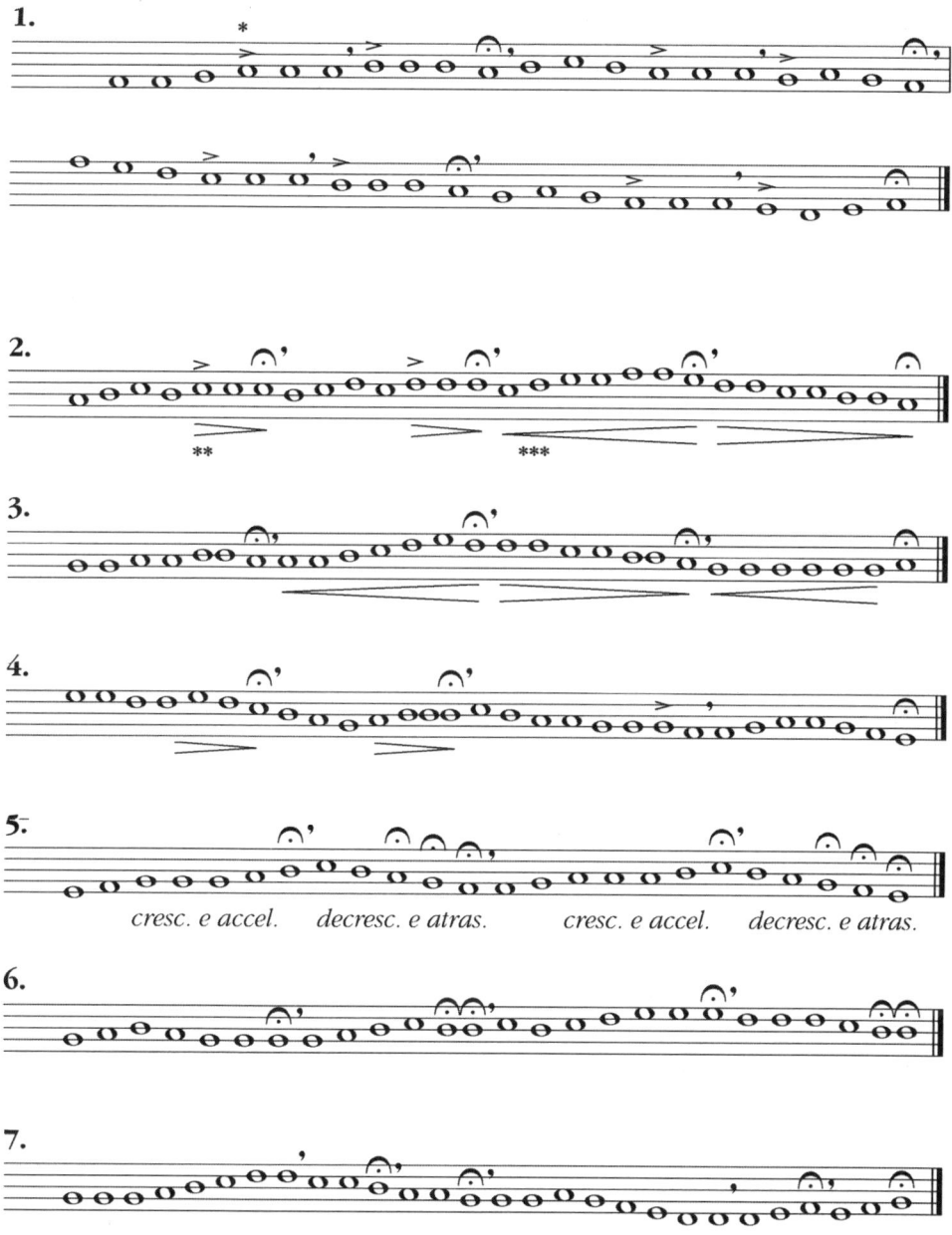

* - Acentuação (nota mais forte)
** - Decrescendo
*** - Crescendo

C – AS TERCEIRAS

O intervalo de terceira é de especial importância na leitura musical porque: **1.** na *pauta*, as notas formam terceiras de *linha a linha* e *de espaço a espaço*; **2.** no estado fundamental, os *acordes* que constituem a base da nossa harmonia apresentam-se, do ponto de vista formal (visual e intelectual), como *sobreposições de terceiras*.

Faremos pois, excepcionalmente para as terceiras, exercícios de leitura por relatividade na pauta simples, sem clave, encarando-os do ponto de vista musical em que sons, nomes e notas escritas se fundem em favor dos automatismos propícios a todos os atos musicais.

Serão feitos os exercícios que se seguem, como preparação auditiva prévia:

    a) *entoar* a partir de vários sons;
    b) *dizer os nomes*, primeiro em Dó, depois nas outras tonalidades;
    c) *cantar com os nomes* nas diferentes tonalidades;
    d) *escrever* a partir de qualquer linha ou espaço.

1. Ordenação das terceiras

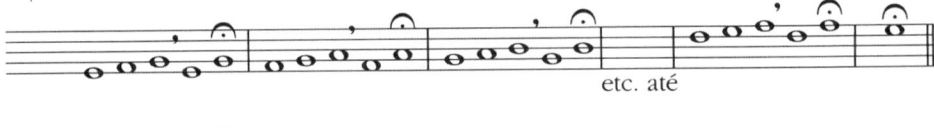
etc. até

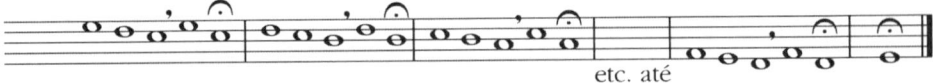
etc. até

2. Natureza quantitativa da terceira (três graus)

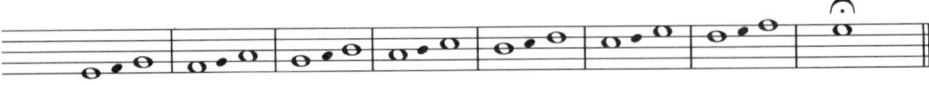

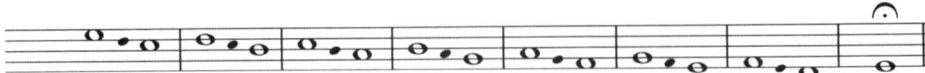

3. Seqüência das terceiras

4. Seqüências introdutórias aos acordes

Estes exercícios se destinam a desenvolver a audição interior, quantitativa, das terceiras. Para isso, as notas intermediárias devem ser: 1. cantadas mais piano do que as outras; 2. apenas imaginadas.

O primeiro motivo tem o interesse especial de introduzir ao acorde de três sons.

5. Exercícios cerebrais para os nomes das notas:

a) Dizer a seqüência das terceiras a partir de qualquer nota, sobre uma *ordenação retilínea* semelhante à das notas da escala:

Dó-Mi, Ré-Fá, Mi-Sol, Fá-Lá, Sol-Si, Lá-Dó, Si-Ré

b) A mesma seqüência pode também ser feita em *ordenação circular*, acompanhando-se as séries das terceiras com um movimento giratório da mão e acentuando sucessivamente a terceira inicial de cada nova série: DÓ-MI, ré-fá, mi-sol, fá-lá, sol-si, lá-dó, si-ré, dó-mi; RÉ-FÁ, mi-sol, fá-lá, sol-si etc.

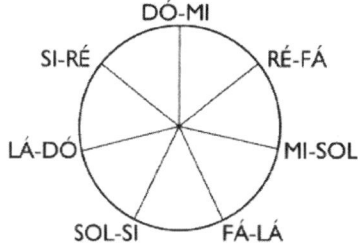

c) Dizer rapidamente os nomes por terceiras sucessivas, em número de três, quatro, cinco, depois todas:
   dó-mi-sol, ré-fá-lá etc;
   dó-mi-sol-si, ré-fá-lá-dó etc;
   dó-mi-sol-si-ré, ré-fá-lá-dó-mi etc;
   dó-mi-sol-si-ré-fá-lá-dó, ré-etc.

(Querendo, esta última série pode também ser dita de forma circular: DÓ-mi-sol-si-ré-fá-lá-dó-MI-sol-si-ré-fá-lá-dó-mi-SOL-etc.)

LEITURAS COM TERCEIRAS

Contrariamente à ordem estabelecida para os exercícios de preparação auditiva (som-nome, som-nome), a dos exercícios de leitura (ato intelectual) será:

a) exercícios de 'atenção visual' sobre o movimento das notas;
b) *ler os nomes* primeiro em Dó, depois nas outras tonalidades;
c) *cantar com os nomes* nas diferentes tonalidades;
d) *entoar* a linha melódica (sem os nomes).

Acordes:

Terceiras simultâneas: para leitura a duas vozes e vertical.

Capítulo III
O RITMO E A MÉTRICA

Na educação musical, o nosso ponto de partida é o *ritmo vivo* realizado por movimentos das mãos, braços ou todo o corpo. Nunca será demais destacar a importância do *movimento corporal* no desenvolvimento do sentido do ritmo, particularmente do *sentido do tempo*. Este baseia-se primeiro no valor físico, metronômico do tempo; depois nos valores expressivos, afetivos, que dão ao tempo uma nova dimensão.

Da *vida rítmica* passaremos à *consciência rítmica* por meio do *cálculo métrico*, o qual diz respeito sobretudo aos compassos.

Um dos primeiros elementos práticos para o estudo do ritmo é o que denominamos 'os quatro modos rítmicos', ou seja, modos de bater o ritmo. Estes modos constituem uma das chaves de realização do ditado musical, que é freqüentemente o grande problema dos alunos. Para escrever ritmo, estes devem ter plena consciência de: 1. o *ritmo*, através de uma memória de ordem dinâmica e motriz, portanto, fisiológica; 2. os *tempos*, primeira unidade de base que os alunos associarão ao movimento normal da marcha; 3. o *compasso*, determinado pelo primeiro tempo e constituindo uma nova unidade maior que a anterior; a *subdivisão* dos tempos, que dá uma unidade menor do que a destes.

Além dos quatro modos rítmicos, outros elementos poderão constituir uma preparação rítmica, direta ou indireta, necessária à leitura. Se a sucessão dos exercícios for psicologicamente correta, os alunos chegarão normalmente sem dificuldade à leitura, ao ditado e à improvisação, considerada a coroa do trabalho musical.

A – EXERCÍCIOS DE RITMO E MÉTRICA SEM LEITURA

1. *Batimentos* vários de dinamismo, precisão de conjunto, introdutórios aos compassos etc e, em especial, exercícios de memória da duração do som (curto e longo), destinados a realização de gráficos.

2. *Reprodução e invenção de ritmos.*

3. *Batimentos dos* 'quatro modos rítmicos' acima indicados.

4. *Marcação e reconhecimento dos compassos.*

5. *Mudança livre de compasso*: o aluno marca o movimento com os braços, enuncia os tempos e muda livremente de compasso, sem interrupção (o professor o acompanha, improvisando).

6. *Modos rítmicos simultâneos*, realizados em combinações de dois ou mais. As combinações possíveis são numerosas mas a principal é o batimento simultâneo de ritmo e tempos. Para o batimento simultâneo dos quatro modos a ordem mais fácil será: partir do tempo; sobrepor-lhe o compasso; acrescentar a subdivisão e, finalmente, o ritmo.

7. Realização de *ritmos em cânone*.

B – INTRODUÇÃO ÀS FIGURAS RÍTMICAS

Os primeiros exercícios de leitura rítmica deverão ser baseados na *sensação do tempo que passa* (memória da duração sonora) e não no *cálculo métrico*, o qual só virá associar-se como tomada de consciência intelectual. Assim, há a maior vantagem em introduzir os valores rítmicos partindo dos *gráficos de duração* escritos no quadro ou nos cadernos, e realizados sob a forma de leitura ou de ditado.

Estes gráficos são apenas introdutórios e não exigem uma longa prática.

EXERCÍCIOS

1. Gráficos de sons curtos e longos com proporção livre:
Na leitura, os sons são determinados com os termos *curt'* e *loong'*, respeitando-se a duração sonora que os traços indicam:

— — —— — ——— — — — — ———   ———— — — — —

2. Gráficos com proporção métrica:
para a passagem perfeita da consciência fisiológica do tempo à consciência cerebral da proporção, os alunos deverão ler estes gráficos:

a) com os termos *curt'* e *loong'*;
b) com um vocábulo: 'lá-láa', ou outro;
c) batendo palmas ou na mesa, em silêncio;
d) batendo e contando: um, um-dois (ou três, ou quatro).

Proporção dupla (longo com valor de dois curtos):

ou

Proporção tripla (longo com valor de três curtos):

ou

Proporção quádrupla (longo com valor de quatro curtos):

ou

3. Passagem aos símbolos de semínima e mínima:
Limitando-se à fórmula *curt' curt' loong'*, repetida várias vezes, associamos aos respectivos traços as figuras de semínima e mínima:

C – LEITURA RÍTMICA SEM COMPASSO

Considerando a grande importância que tem a leitura rítmica, sobretudo para os futuros instrumentistas, parece-nos da maior vantagem que esta leve sempre um avanço sobre a leitura geral, visto o ritmo ser o elemento primordial que dá forma à melodia e ao fraseado. A vista deve ser treinada a lê-lo num golpe rápido e, se possível, global.

O nosso ponto de partida é a figura de semínima, que corresponde, vulgarmente, a um tempo de andamento normal. Para obter uma relação de duração, ou seja, um elemento de vida, juntamos-lhe a mínima, considerada do ponto de vista da adição que é, para as crianças, mais acessível do que a divisão. Assim, a mínima é o dobro da semínima, como a semibreve é o dobro da mínima. Só com a introdução da colcheia falaremos na divisão dos valores.

EXERCÍCIOS

Ler:
a) com os termos *curt'* e *loong'*, batendo os tempos;
b) vocalizando com 'lá-láa', ou outro vocábulo;
c) batendo o ritmo e contando os tempos (ex: ♩ ♩ ♩ ♩ ♩ , se contará: 'um, um, um-dois, um, um-dois etc').

1. Semínima ♩ e mínima ♩ : a mínima equivale a duas semínimas.

2. Pausa de semínima: 𝄽

D – LEITURAS RÍTMICAS EM COMPASSO

Contrariamente ao critério que seguimos no curso pré-solfégico para a ordem dos compassos (ordem corrente, quantitativa: compasso de dois, depois de três, depois de quatro tempos), adotamos aqui uma ordem qualitativa, mais psicológica: compasso de dois, depois de quatro, depois de três tempos.

O compasso binário (pendular) e o quaternário (pendular narrativo) são aparentados, enquanto o ternário (rotativo), essencialmente diferente de natureza, apresenta um sentido qualitativo próprio.

Os exercícios seguintes devem ser distribuídos no decorrer das lições, segundo a natureza dos elementos e o grau de adiantamento dos alunos. A própria leitura nos diferentes compassos pode progredir paralelamente.

É essencial que os motivos sejam lidos ritmicamente, com fraseado, e não de forma métrica ou cerebral. Muitos alunos, de qualquer idade, têm dificuldade em viver o ritmo fisiologicamente, como o fazem por instinto os artistas. Um mal ensino pode contrariar o instinto rítmico, atrofiando o que existe naturalmente no ser humano.

Por esse motivo, damos grande importância ao processo de aprendizagem do movimento de marcação dos compassos. Nesta fase, o movimento deve ser realizado com os dois braços para que, entre outras razões, se obtenha uma participação corporal mais total e equilibrada; deve depois se tornar automático para constituir um auxílio e não um obstáculo na atividade musical. Mais tarde, o movimento corporal será substituído pela imaginação motriz, a qual não poderá funcionar nem se desenvolver de forma normal se o ato motor não foi suficientemente realizado.

Pela mesma razão se recomenda que, antes de uma leitura, seja sempre marcado um compasso de preparação.

A leitura rítmica pode ser feita de diferentes formas, mais ou menos progressiva:

a) leitura com um vocábulo e marcação de compasso;
b) batimento do ritmo, com a sensação física, interior, dos tempos;
c) batimento simultâneo do ritmo e dos tempos;
d) bater o ritmo e contar os tempos;
e) improvisar melodicamente sobre os motivos rítmicos.

COMPASSO DE DOIS TEMPOS (BINÁRIO)
(Caráter pendular)

Marcação do compasso: os alunos fazem um movimento de braços para baixo e para cima, dizendo repetidas vezes de forma ritmada:

a) 'o 1 em baixo, o 2 em cima';
b) 'em baixo, em cima';
c) 'um, dois'.

COMPASSO DE QUATRO TEMPOS (QUATERNÁRIO)
(Caráter pendular narrativo)

Marcação do compasso: movimento dos braços para baixo, cruzando à frente, abrindo para os lados e subindo. Repetir várias vezes:

a) 'o 1 em baixo, o 2 para dentro, o 3 para fora, o 4 em cima';
b) 'em baixo, para dentro, para fora, em cima';
c) 'um, dois, três, quatro'.

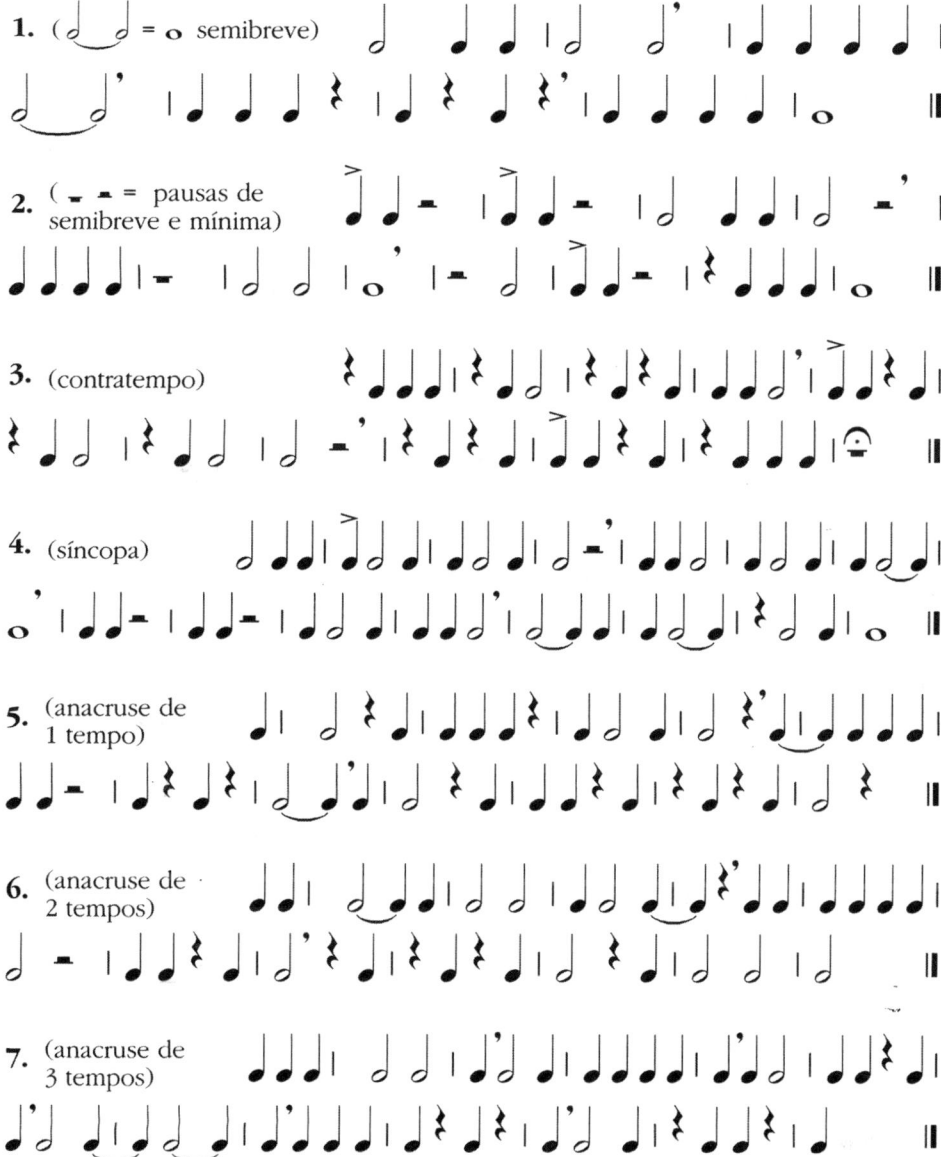

COMPASSO DE TRÊS TEMPOS (TERNÁRIO)
(Caráter rotativo)

Marcação do compasso: movimento dos braços para baixo, para o lado e para cima. Repetir várias vezes:

a) 'o 1 em baixo, o 2 para fora, o 3 em cima';
b) 'em baixo, para fora, em cima';
c) 'um, dois, três'

Reconhecer os compassos:

Reconhecer os compassos e colocar as barras:

E – EXERCÍCIOS DE RITMO E MÉTRICA A REALIZAR NA AULA

1. Encontrar os 'quatro modos rítmicos' de uma canção conhecida.

2. Encontrar o compasso de canções conhecidas.

3. Escrever, segundo o desenvolvimento dos estudos, as figuras que representam os valores de duração, assim como os das pausas.

4. Colocar as barras de compasso numa seqüência de valores rítmicos:
a) dado o compasso;
b) adivinhando o compasso.

5. Completar compassos:
a) preencher com valores;
b) preencher com pausas;
c) preencher com valores, escritas as pausas.

6. Inventar valores para compassos dados.

7. Reconhecer compassos dados.

8. Escrever frases rítmicas com a metade e o dobro da velocidade (com as figuras conhecidas).

9. Escrever o ritmo de canções conhecidas, em dois, três e quatro tempos, com as figuras já aprendidas. Algumas canções podem ser adaptadas, escrevendo-se o seu ritmo com a metade da velocidade (as colcheias se tornam semínimas).

Capítulo IV
A PAUTA TOTAL, DE ONZE LINHAS

A pauta dupla, de onze linhas, é conhecida desde 1537 (Sebald Heyden). Abandonada, é readotada hoje pela maioria dos pedagogos com o fim particular da leitura pianística, visto comportar todas as notas utilizadas na escrita musical.

Compõe-se de duas pautas de cinco linhas entre as quais se traça uma décima primeira linha, a do Dó Central. Partindo daí simetricamente, cinco notas acima encontra-se o Sol, onde se coloca a Clave de Sol, e cinco notas abaixo encontra-se o Fá, onde se coloca a Clave de Fá; o Dó Central determina a Clave de Dó (que não utilizaremos neste volume).

Assim, são as notas que determinam as claves, como prova a história da música; depois, na prática, parte-se das claves para determinar os nomes das notas.

Pela sua forma simétrica, a pauta dupla mais ainda que a pauta simples, deve ser considerada visualmente, o que permite estabelecer pontos de referência fáceis e claros (notas em preto) de principal importância na leitura:

1. As notas que determinam as claves:

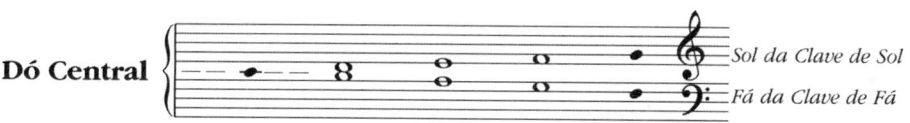

2. A pauta total, simétrica, e as Notas de Referência (a serem decoradas):

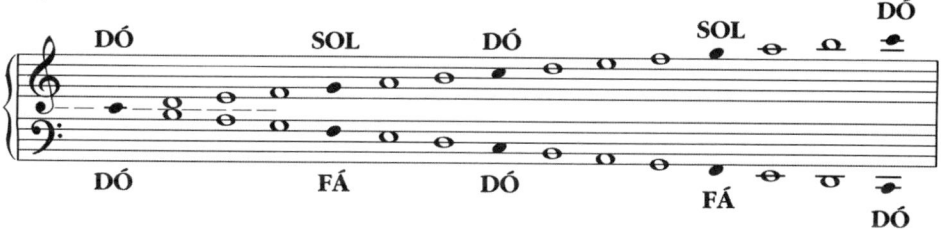

DESENHOS DE ELEMENTOS GRÁFICOS

A escrita de certos sinais musicais exige aprendizagem. Propomos para treino os seguintes:

a) Linhas suplementares inferiores e superiores:

b) As claves:
A clave de Fá não oferece especial dificuldade. A clave de Sol, difícil de desenhar, pode ser feita em três etapas: a espiral a partir da segunda linha; a linha ascendente; a linha descendente:

c) A chaveta:

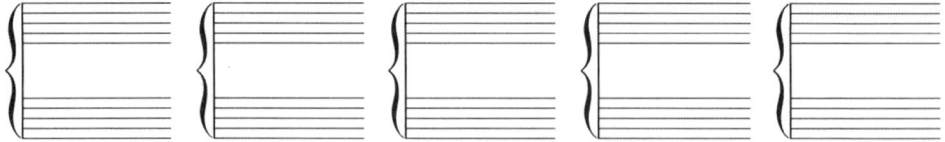

d) O Dó central, da clave de Sol e da clave de Fá:

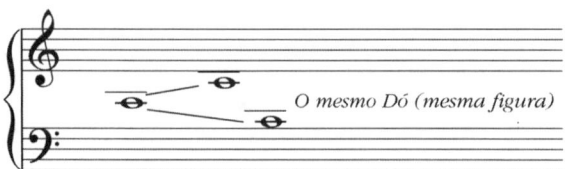

O mesmo Dó (mesma figura)

e) A posição das hastes:

LEITURA POR ABSOLUTO E POR RELATIVIDADE NA PAUTA DUPLA

A leitura por absoluto (por clave) deve ser conseqüência da leitura por relatividade e não o contrário. Mas, na prática, parte-se da clave juntando a relatividade, quer para os graus conjuntos, quer para os saltos.

Estes exercícios devem ser feitos progressivamente, voltando a eles de tempos em tempos, até se firmar uma relação fácil entre os nomes e o lugar das notas na pauta. Com este fim, os exercícios podem ter as seguintes modalidades:

a) dizer os nomes das notas mostradas pelo professor;
b) mostrar na pauta as notas pedidas pelo professor;
c) escrever.

A – Notas nas linhas e nos espaços:

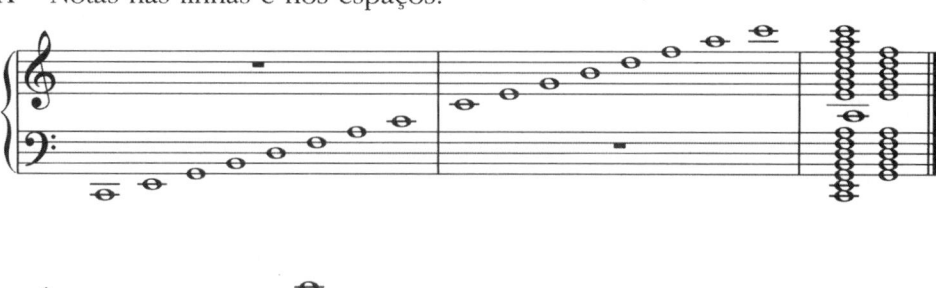

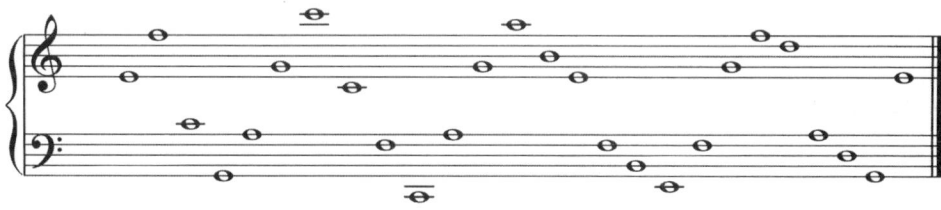

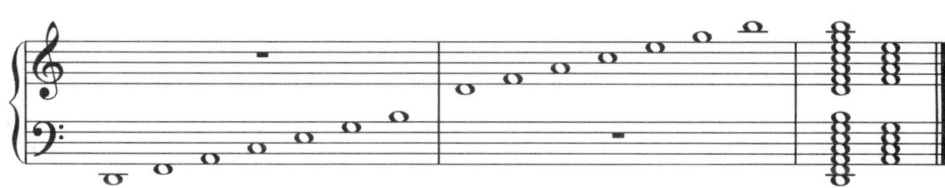

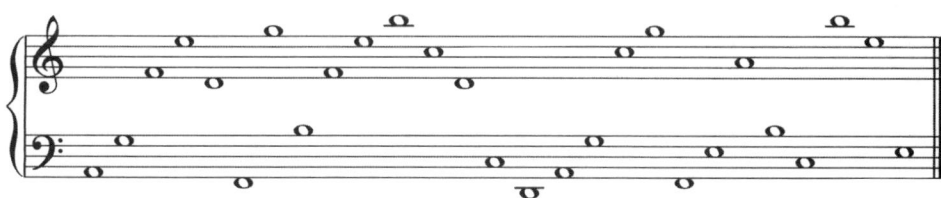

B – Aplicações a partir das Notas de Referência:

1. Determinar rapidamente as Notas de Referência.

2. Realizar rapidamente por relatividade:
a) os mordentes superior e inferior (dó-ré-dó, dó-si-dó etc)
b) os grupetos superior e inferior (dó-ré-dó-si-dó etc)
c) os tricórdios ascendente e descendente (dó-ré-mi etc)
d) os tetracórdios ascendente e descendente
e) os pentacórdios ascendente e descendente

3. Determinar notas em qualquer ponto da pauta.

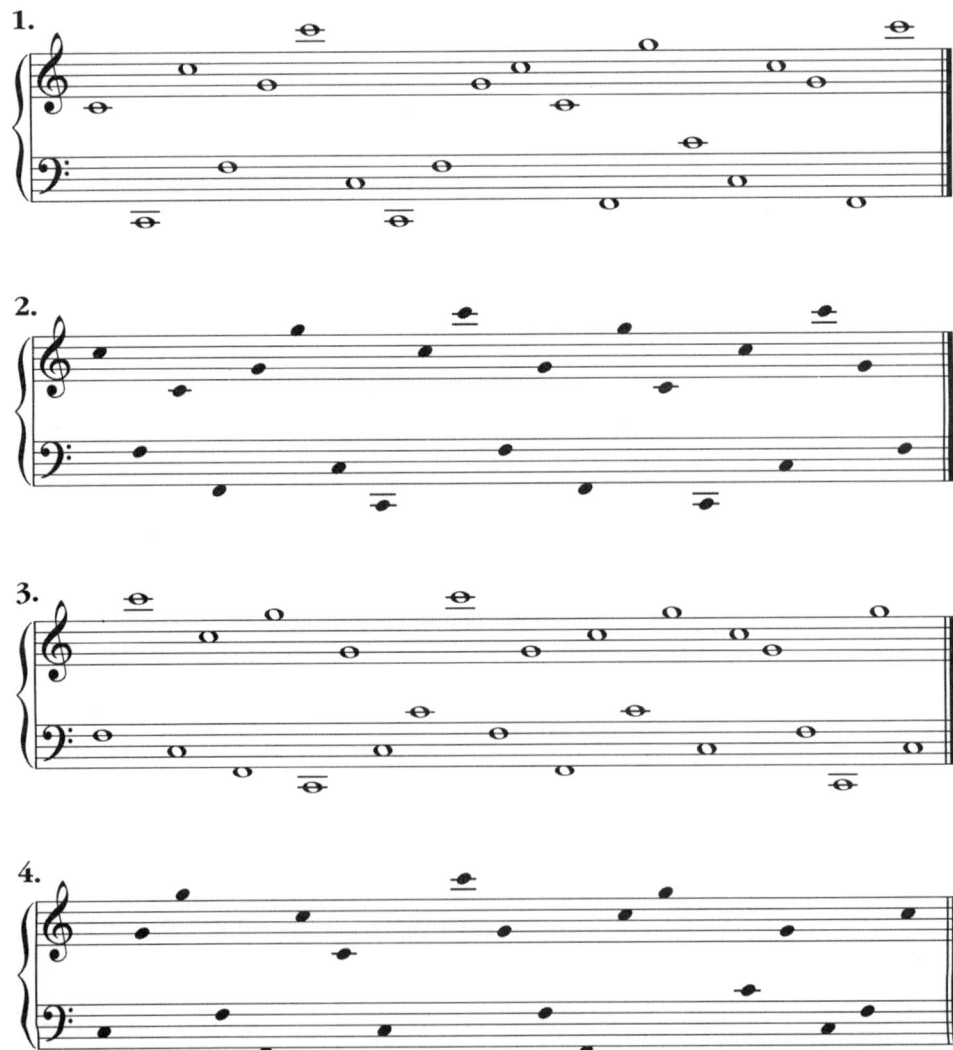

LEITURAS NA PAUTA DUPLA

Apesar de este tipo de leitura se destinar, em princípio, aos pianistas, nos parece vantajoso que qualquer aluno tenha um mínimo de contato prático com o sistema de escrita na pauta dupla, o qual consiste a síntese perfeita das ordenações musicais.

Por esta razão damos uma série de motivos, construídos nos diferentes policórdios até o pentacórdio ascendente e descendente, partindo simetricamente do Dó Central.

Dicórdio

1.

2.

Tricórdio

3.

4.

5.

Tetracórdio

Pentacórdio

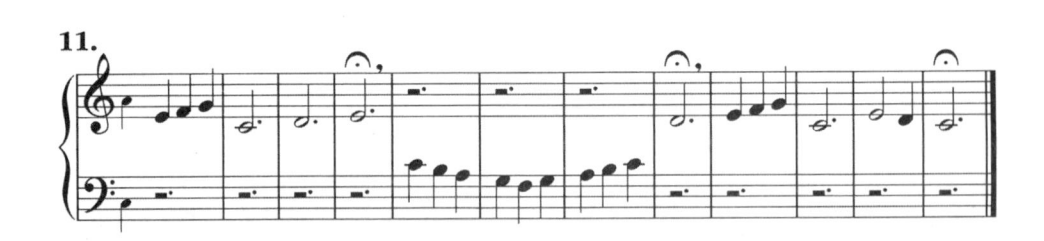

Segunda Parte
LEITURAS MUSICAIS NAS CLAVES DE SOL E DE FÁ

Considerações gerais

Conforme foi dito no Capítulo II da Primeira parte (Leitura por relatividade na Pauta simples), as leituras que se seguem devem ser realizadas *em função da pauta dupla*.

Dá-se grande quantidade de trechos por se tratar de: 1. *leitura à primeira vista*, em que relatividade e absoluto funcionam como duas formas de leitura complementares; 2. tomar consciência de ritmo e entoação, obtendo a *simultaneidade das diferentes funções humanas*, físicas, afetivas e mentais que comandam uma leitura viva; o que, consoante a natureza dos alunos, não se obtém sempre sem dificuldade.

Não foram incluídas canções entre as leituras, por não se considerar adequado equiparar as suas diferentes naturezas.

Na leitura por relatividade, pode ter aplicação o conhecimento do aspecto simétrico-assimétrico dos intervalos, desenvolvido por André Gedalge. Mas – nota importante – *a leitura não será baseada na noção dos intervalos sucessivos*, sobretudo descendentes, mas sim na posição das notas nos conjuntos *pentacórdio*, *acorde* e *escala*, cuja ordem, inspirada no sentido tonal, rege a planificação dos trechos. Esta posição depende sobretudo da *relação das notas com a tônica*, mesmo na modulação.

Antes das leituras, impõe-se desenvolver a audição interior e o automatismo dos nomes das notas. Assim, a leitura na clave de Fá não oferece qualquer dificuldade, visto ser praticada por relatividade, na posse das ordenações fundamentais: sons, nomes, notas escritas. O seu exercício em função da pauta dupla evita o erro do antigo sistema limitado à clave de Sol num largo período, do que resultava, entre outras conseqüências, uma má leitura pianística.

Na indicação dos compassos seguimos a tendência moderna* para representar a unidade de tempo com respectiva figura sob o algarismo dos tempos. Mais tarde conheceremos a cifragem tradicional.

Capítulo I
TONALIDADE DE DÓ
SEMÍNIMA, MÍNIMA E SEMIBREVE

A – O PENTACÓRDIO DÓ-SOL

O *pentacórdio*, encarado como *elemento global*, é importante devido aos seus dois pólos: tônica e dominante. Daí a importância das *canções de duas a cinco notas*, sabidas de cor com os nomes das notas.

---

* - Osvaldo Lacerda, em *Regras de Grafia Musical* (editora Irmãos Vitale, 1974), registra essa maneira de grafar a fórmula de compasso e observa que *não teve aceitação universal*.

Como introdução às leituras, serão refeitos alguns exercícios fundamentais de ordenação de sons e nomes:

1.

2.

3.

4.

5. o professor diz nomes; os alunos realizam-nos cantando.

6. o professor canta sons; os alunos realizam-nos cantando com os nomes.

Compasso de Dois tempos
(Caráter pendular)

1.

2.

3. (Repetição de notas)

4. (Forma ternária)

5.

6.

7.

8. (Forma ternária)

Compasso de Quatro tempos
(Caráter pendular narrativo)

Compasso de Três tempos
(Caráter circular, rotativo)

13.

14.

15.

16.

17.

18.

19.

20.

B – O ACORDE DA TÔNICA: DÓ-MI-SOL-DÓ

47

C – A ESCALA

Antes destas leituras na extensão da escala, serão feitos exercícios semelhantes aos que precederam as leituras no pentacórdio, mas completados até a oitava.

A ligadura de valor: ⌣ ou ⌒

31.

32.

33.

34.

Sinal de repetição:

35.

36.

37.

38.

39.

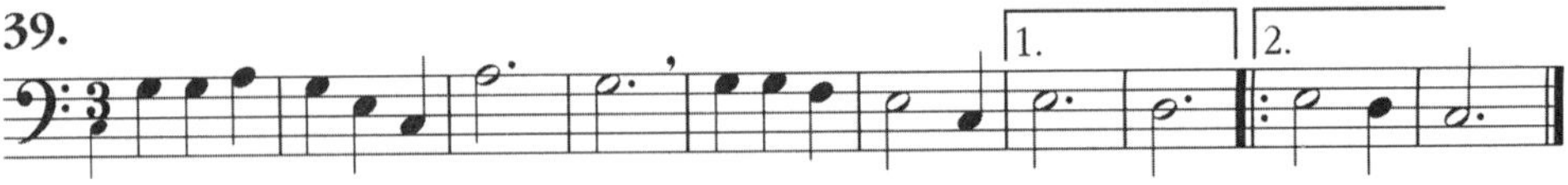

40.

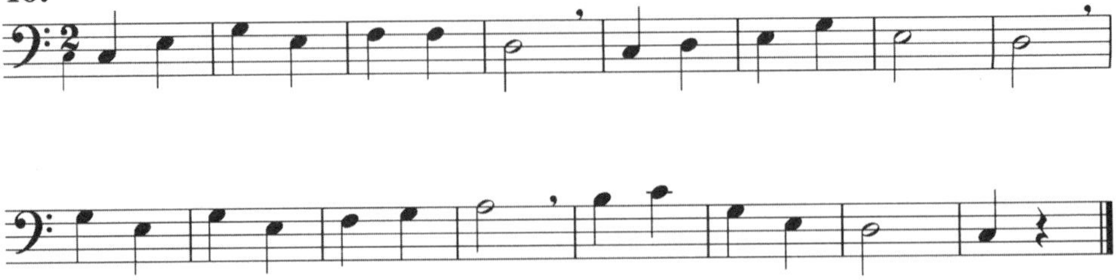

41.

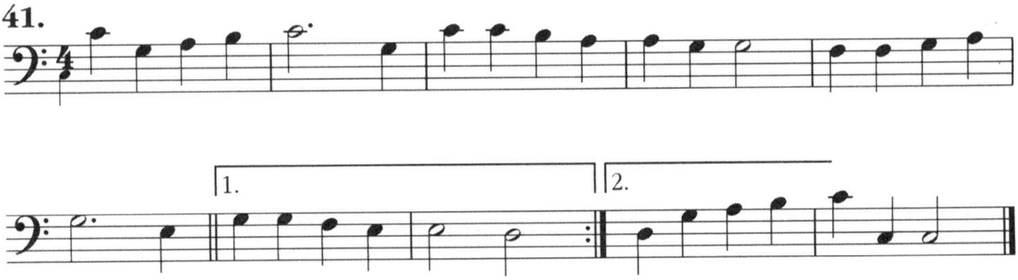

42.

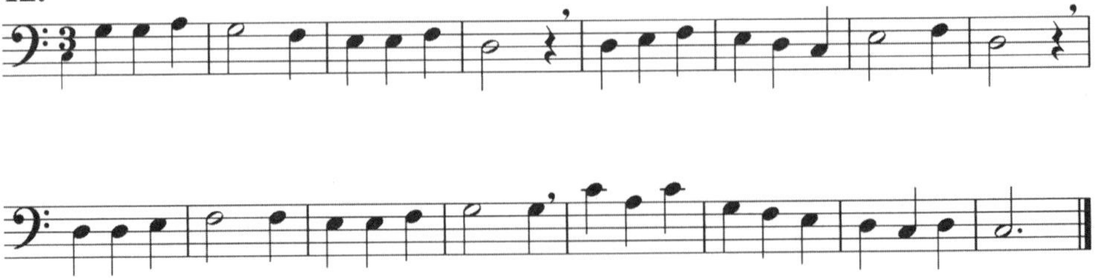

43.

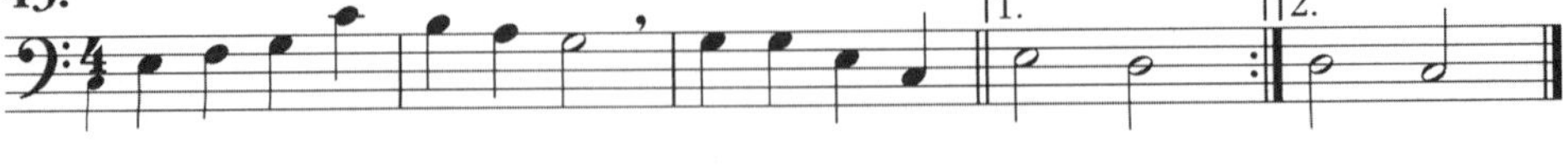

44.

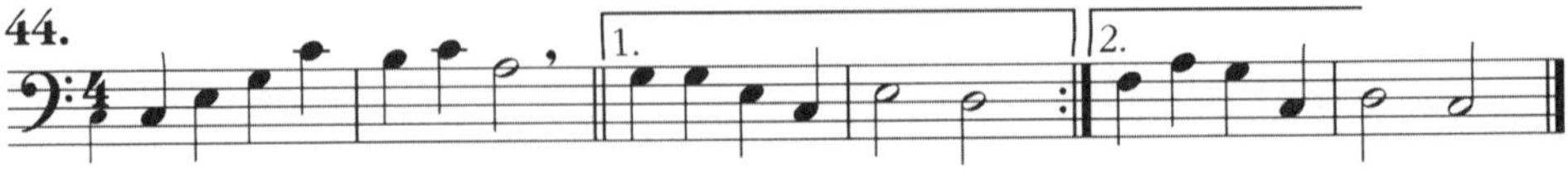

D – NOTAS QUE ULTRAPASSAM A ESCALA DE DÓ
(No registro agudo e no grave)

As notas muito agudas e muito graves são introduzidas excepcionalmente, como exercícios, devendo ser cantadas com leveza e não na garganta.

45. A Semibreve ○ = ♩♩♩♩ ou ♩ ♩

46.

47. (𝄻 𝄼 = pausas de semibreve e mínima)

atras.

48.

* O aluno repete mentalmente o motivo precedente.

* Os compassos inteiramente vazios são marcados com a pausa de semibreve.

Linhas suplementares superiores na clave de Fá:

54.

55.

56.

57.

58.

Linhas suplementares inferiores na clave de Sol:

59.

60.

61.

62.

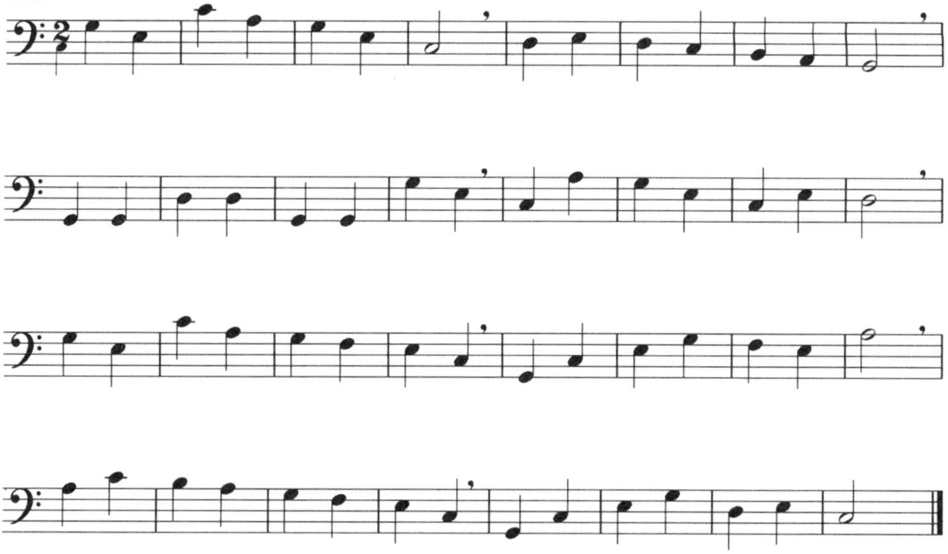

63.

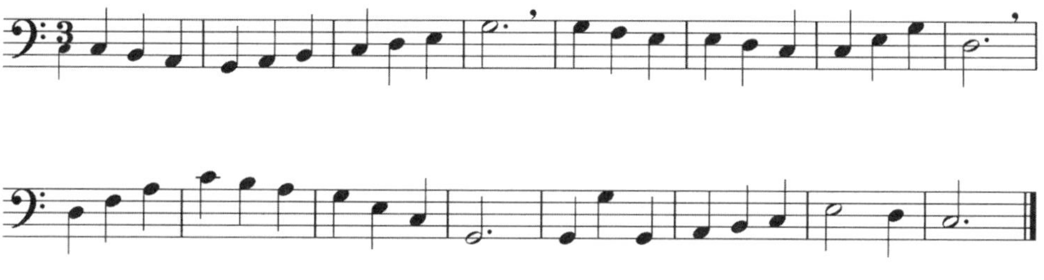

64.

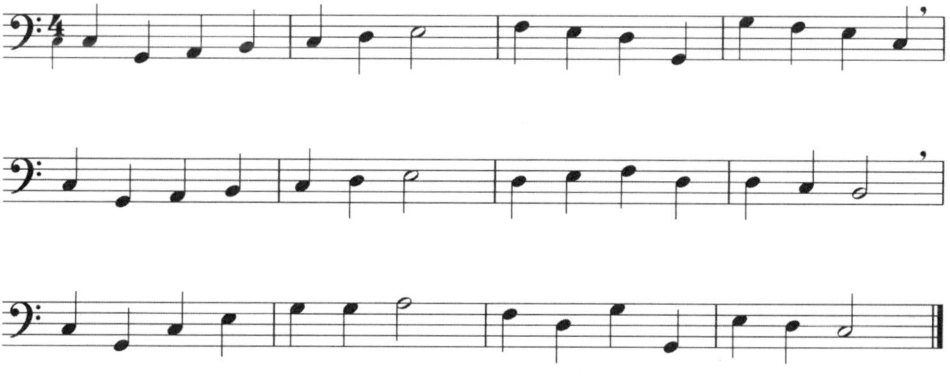

E – ENTRADAS EM ANACRUSE

A partir deste momento, os alunos deverão reconhecer visualmente a natureza dos compassos. Por isso não será dada a sua indicação no início da pauta.

65.

66.

67.

68.

69.

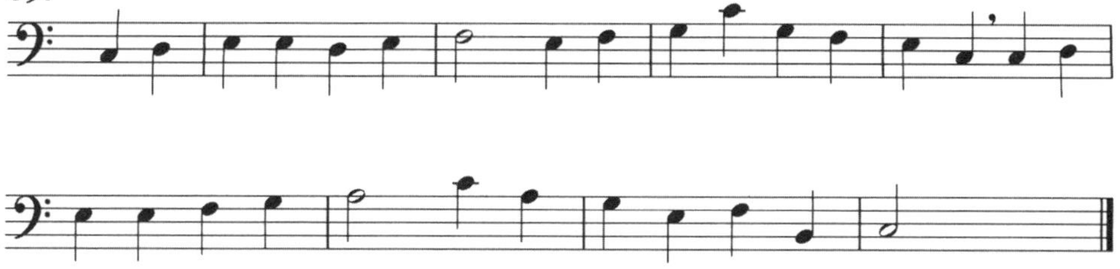

70.

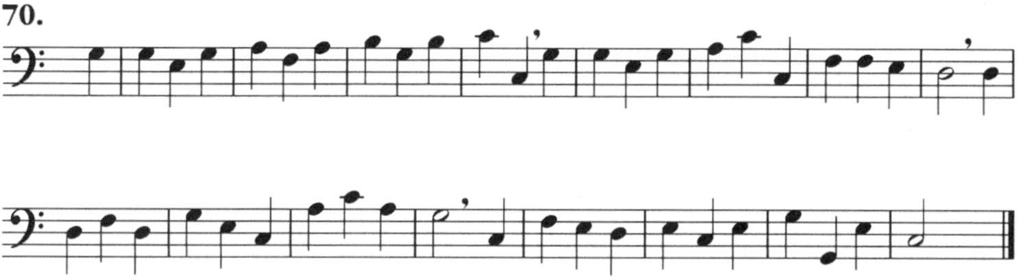

71.

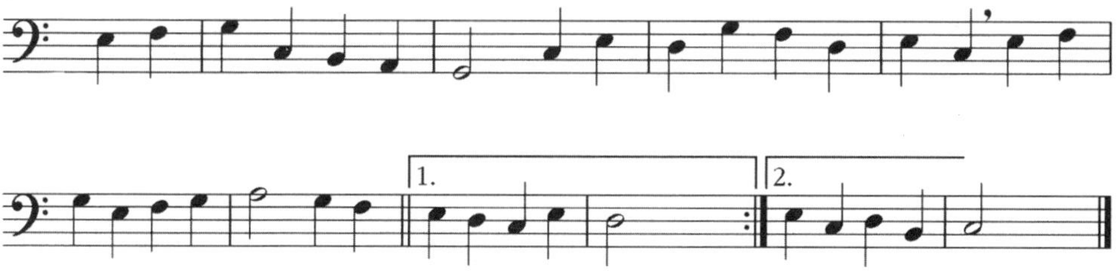

72.

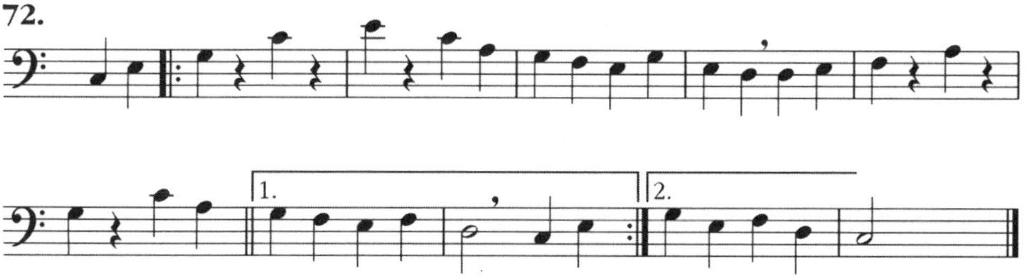

73.

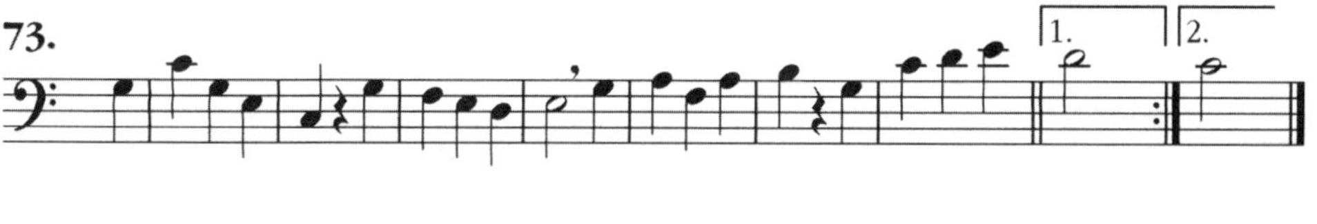

F – CONTRATEMPO

74.

75.

76.

77.

G – SÍNCOPA

H – A EXPRESSÃO

A música é expressiva em si mesma; isto é, exige naturalmente uma interpretação expressiva por meio de variações agógicas e dinâmicas (de tempo e intensidade).

Procurando cantar com musicalidade, encontra-se a expressão por natureza e não necessita ser assinalada. Por isso, damos apenas alguns exemplos. Nos números que não têm indicação, os alunos devem encontrar a expressão natural, mesmo pessoal, podendo anotá-la para melhor conhecimento dos respectivos sinais.

82. Crescendo - Diminuindo

83.

84.

85. Fraseado

86.

87. *Staccato*

88. Acentuação, Picado

89. Intensidades

90.

91.

92.

I – CÂNONES

Os cânones devem ser realizados inicialmente sob a forma de canto com palavras, o que facilita a sua execução.

A escala em cânone pode ser executada, sem leitura, com ritmos que ultrapassem os conhecimentos da escrita rítmica.

Cantar com rapidez alguns cânones fáceis irá aumentar o interesse por eles; entoá-los sem dizer as notas, pode favorecer a musicalidade.

O simples cânone a duas vozes consiste, na realidade, em cantar por imitação o que se acabou de ouvir.

Os números seguintes devem ser realizados desta forma, entoando ou cantando as notas. Eventualmente, também com palavras que podem ser inventadas.

98.

99.

100.

101.

102.

103.

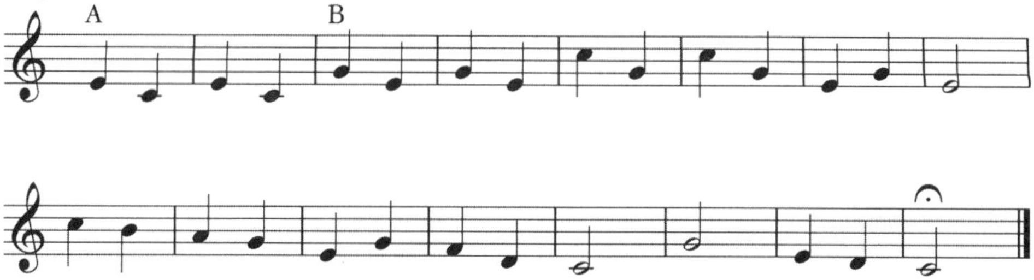

104.

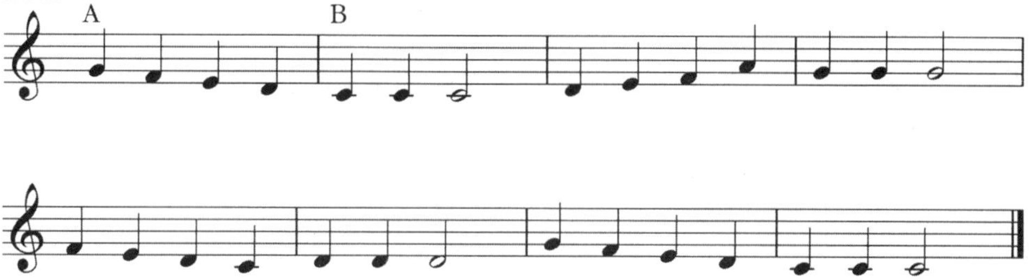

105.

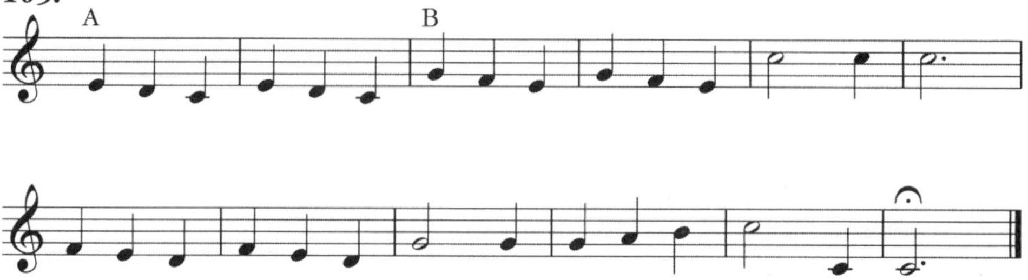

106.

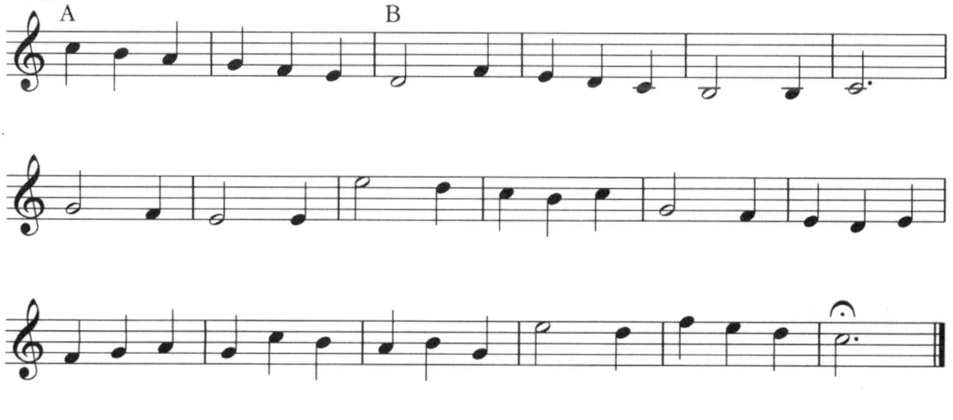

I – LEITURAS A DUAS VOZES

107. Terceiras

108.

109.

110.

111. Sextas

112.

113.

114.

rallent.

115. Terceiras e Sextas

116.

117.

118.

119.

120. Quintas

121.

122.

123. Quartas

124.

atras. e dimin.

125. Oitavas

126. Segundas

127. Sétimas

128.

70

129. Intervalos diversos

130.

131.

132.

largo

Capítulo II
TONALIDADES DE SOL, DE FÁ E DE RÉ
SEMÍNIMA, MÍNIMA E SEMIBREVE

A introdução nas diferentes tonalidades deve ser feita com base no sentido tonal (lugar e valor das notas na tonalidade), e não no conhecimento das alterações, ou dos tons e meios tons, o que poderá ser feito paralelamente mas a título secundário.

A – TONALIDADE DE SOL

73

B – TONALIDADE DE FÁ

8.

9.

10.

11.

12.

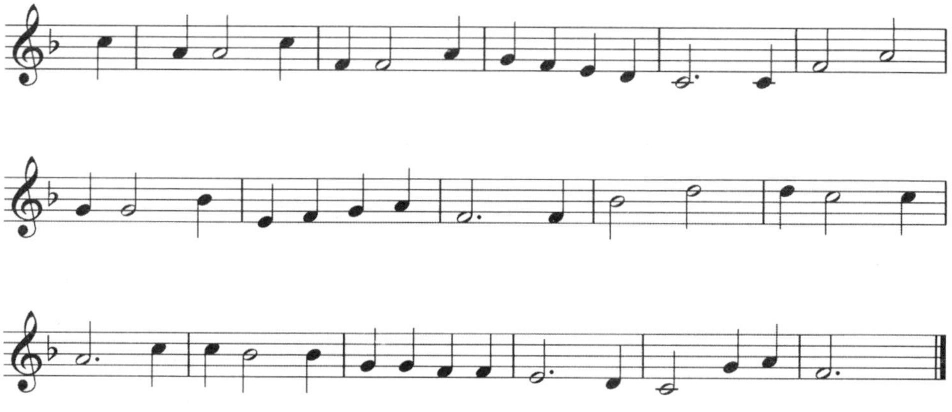

13.

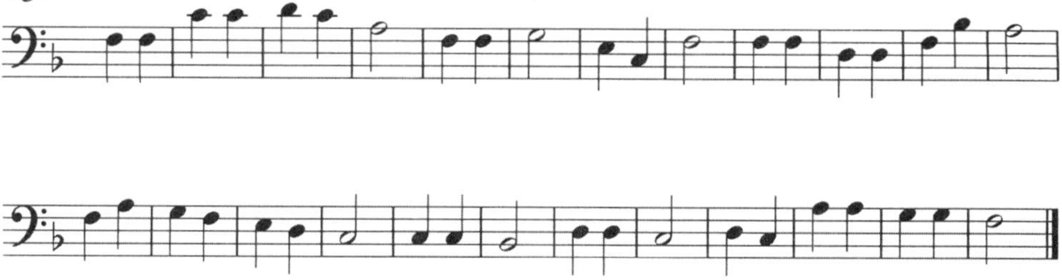

14.

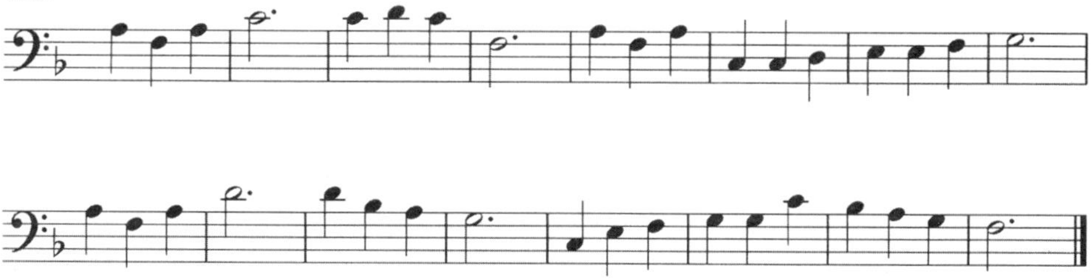

15.

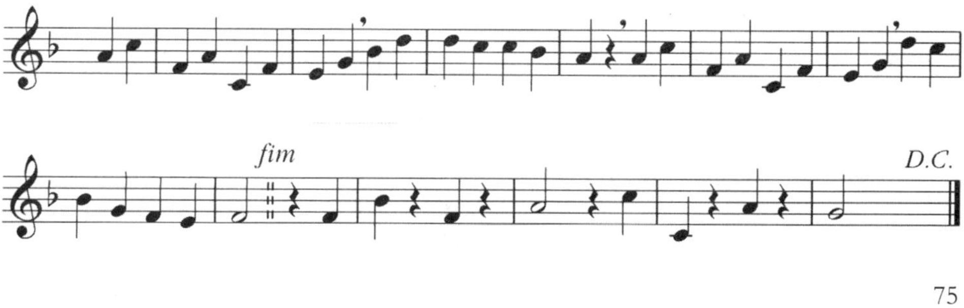

C – TONALIDADE DE RÉ

16.

17.

18.

19.

D – MODULAÇÃO

Dentro de cada tonalidade, as alterações são realizadas naturalmente pelo sentido tonal, não criando por isso, dificuldades na leitura.

A modulação exige a consciência das alterações e, implícita, a sensibilidade ao tom e ao meio tom. Com esse fim, faremos nas diferentes tonalidades o seguinte exercício preparatório:

*O bequadro ♮ anula os sustenidos e bemois.

E – LEITURA A DUAS VOZES

24. Terceiras

25.

26.

27.

(a 2a. vez, sem repetição)

28. Sextas

29.

30.

31.

32. Terceiras e Sextas

33.

34. *fim*

D.C.

35. Uníssono

36. Oitavas

37. Quintas

38. Quartas

39. Segundas

40. Sétimas

41. Intervalos diversos

Capítulo III
LEITURAS EM COLCHEIAS

Com as figuras de Semibreve, Mínima e Semínima, a escrita rítmica foi feita numa base de adição, tomando como ponto de partida a Semínima:

$$\quarternote + \quarternote = \halfnote \ ; \quad \halfnote + \halfnote = \wholenote$$

A Colcheia introduz a noção de divisão de valores: $\quarternote = \eighthnote\eighthnote\ (\beameighths)$. Assim, a Semínima contém duas Colcheias, e cada Colcheia vale a metade de uma Semínima.

As leituras devem ser feitas segundo as indicações dadas na primeira parte do livro, capítulo III, letra D.

A – LEITURAS RÍTMICAS

a) (♩ ♫)
1.

2.

b) (♈ = pausa de Colcheia)
3.

4.

c) (♫ ♩)
5.

6.

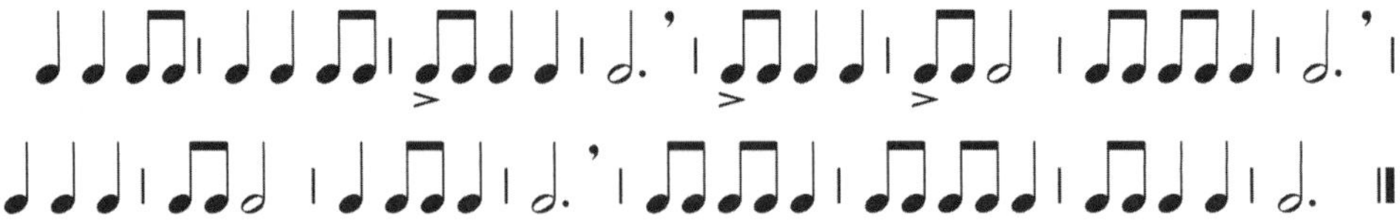

d) (♩. ♪)

7.

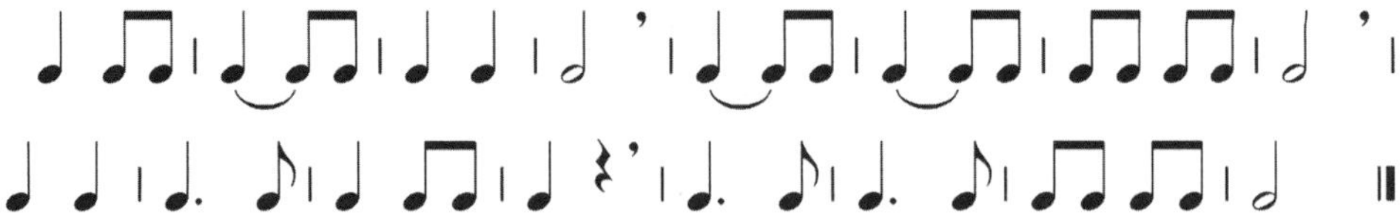

8.

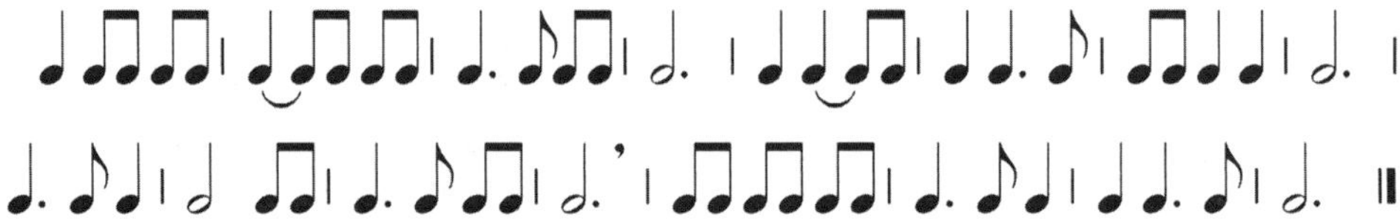

e) (♪ ♩.)

9.

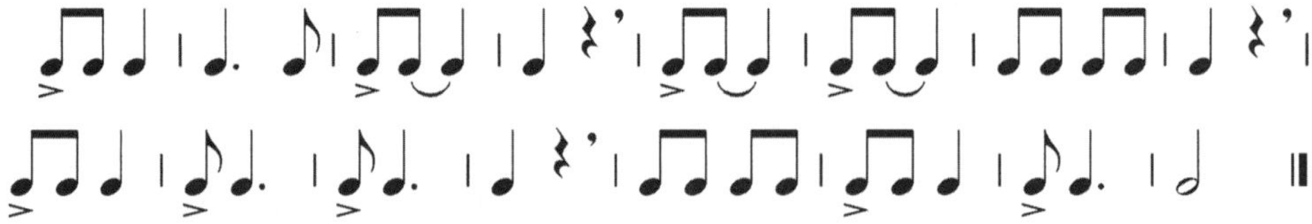

10.

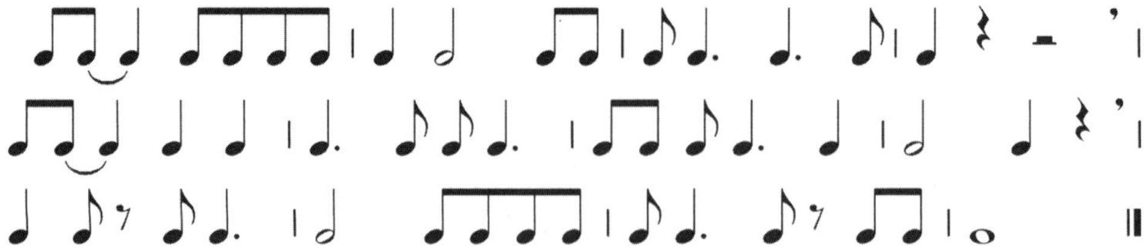

f) (𝄾 ♪ 𝄾 ♪ = contratempo)

11.

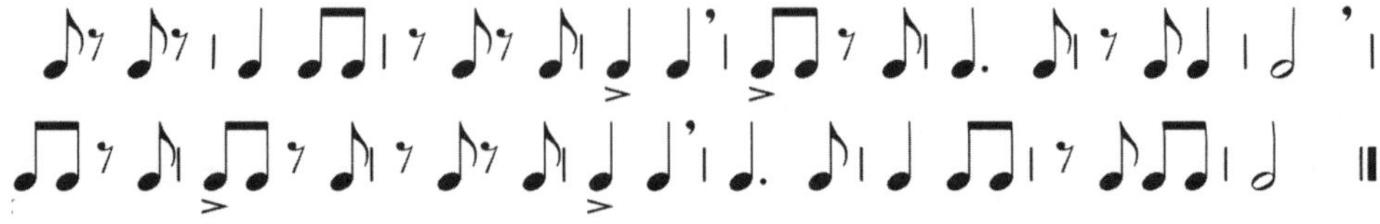

12.

g) (♪ ♩ ♪ = Síncopa)

13.

14.

h) (♪♪♪ = Tercina)
        3

15.

16.

i) (Entradas em Anacruse)

17.

18.

j) (Compasso de três Colcheias: 3/8)

19.

20.

B - LEITURAS MUSICAIS NA TONALIDADE DE DÓ

rall. e decresc.

5. *moderato*

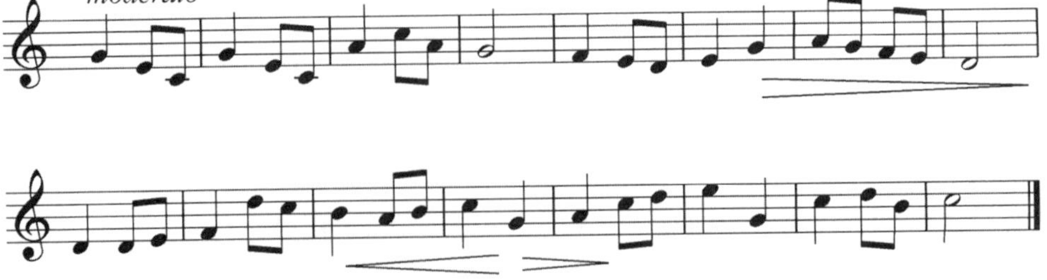

6. *alegre*

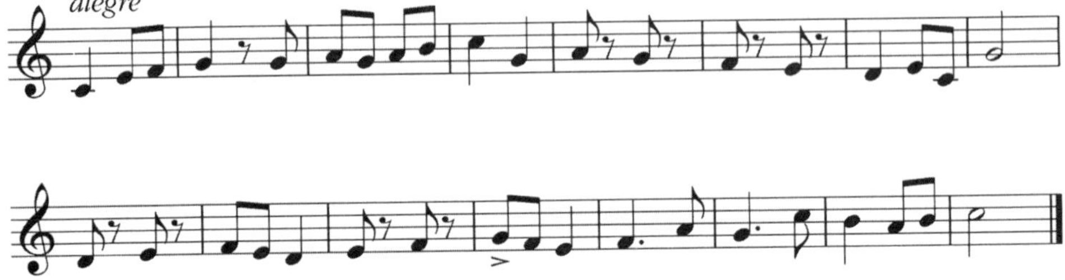

7. *ligeiro*

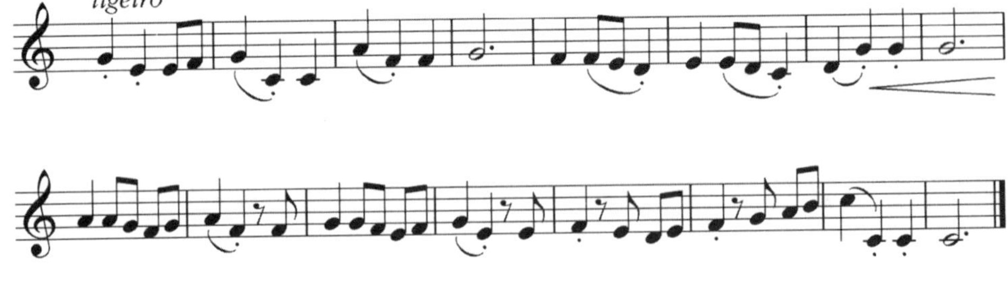

8. *enérgico*

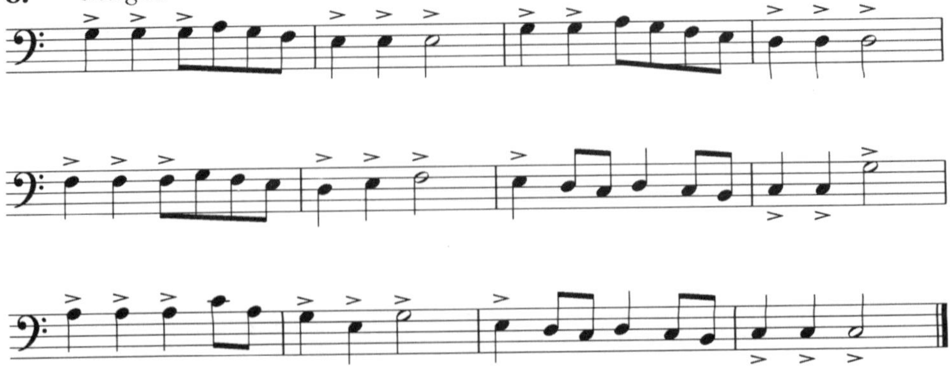

9.

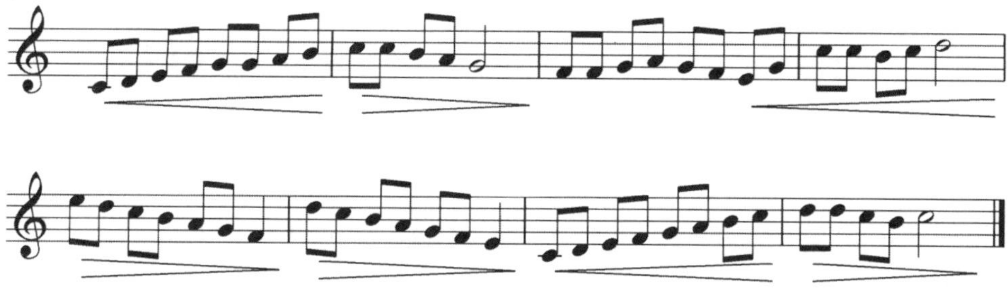

10.

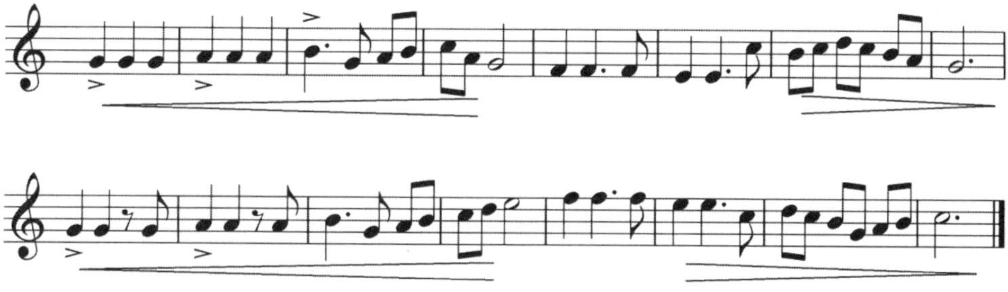

11.

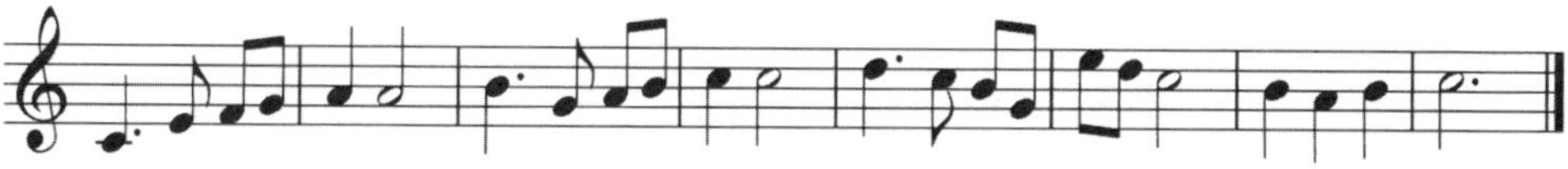

12.

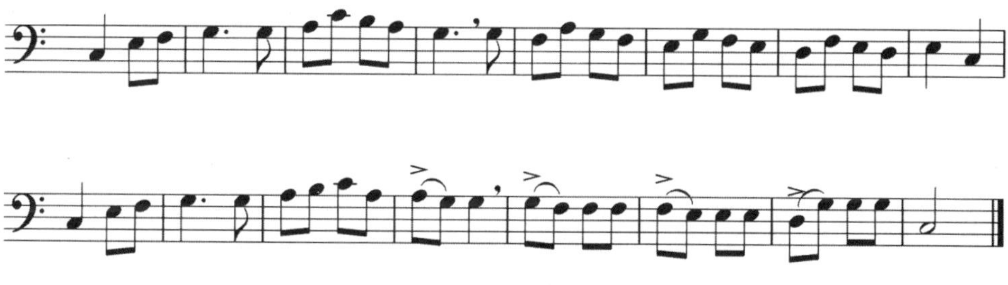

13.

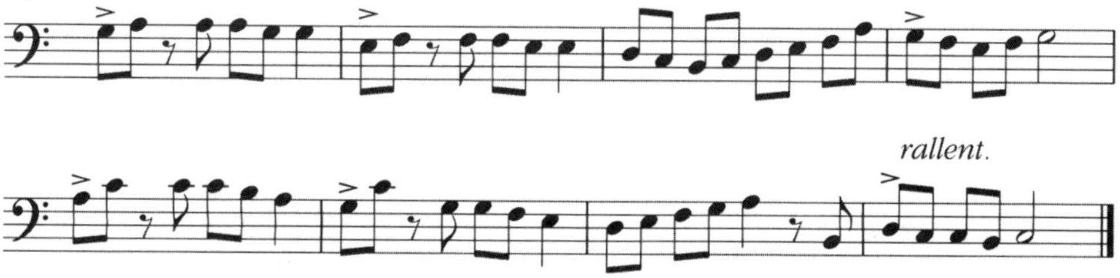

Entradas em Anacruse

14.

15. *narrativo*

16. *moderado*

17.

18.

19.

2a. vez pp

Contratempo

20.

Síncopa

23.

26.

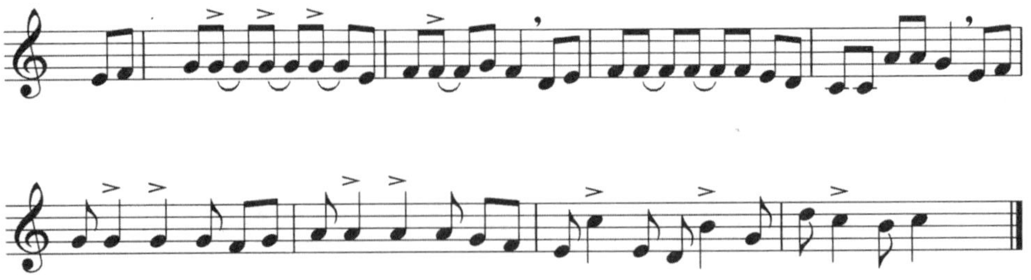

27.

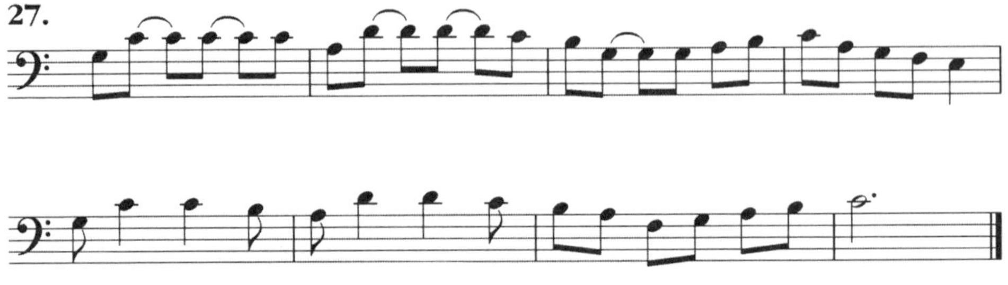

28.

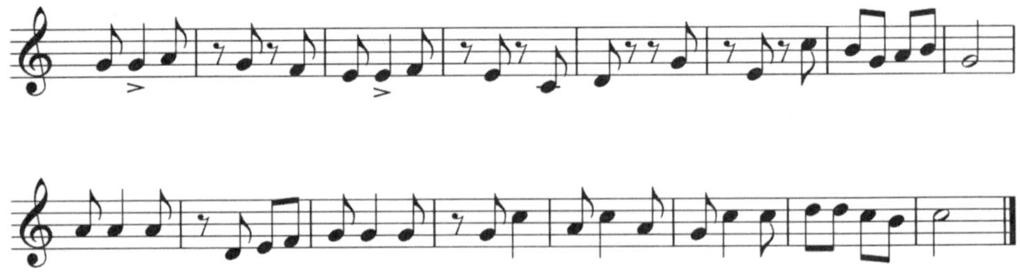

29.

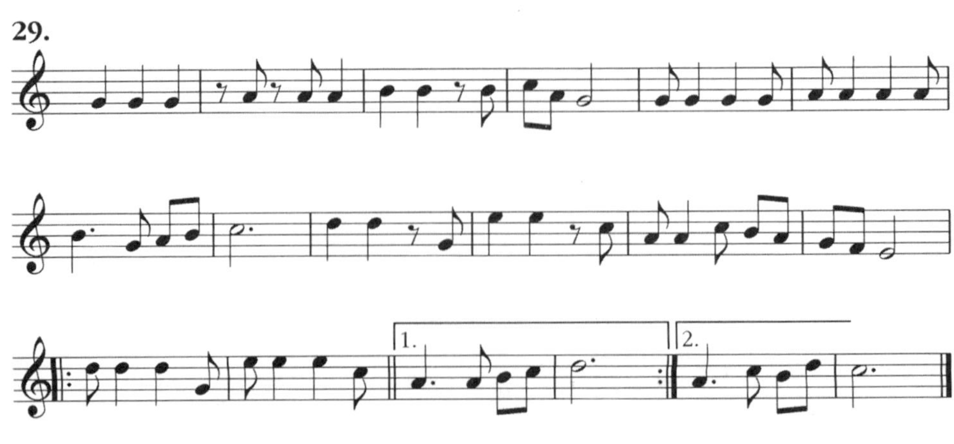

30.

31.

32.

33.

34.

35.

Appoggiatura

36.

Tercina

39.

40.

41.

Compasso de três colcheias

42.

43.

44.

45.

46. *vivo*

47. *moderado*

48. *decidido*

49.

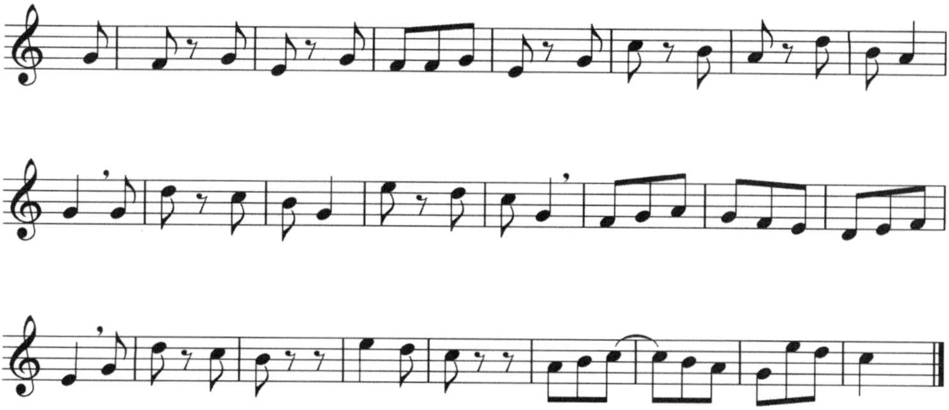

50.

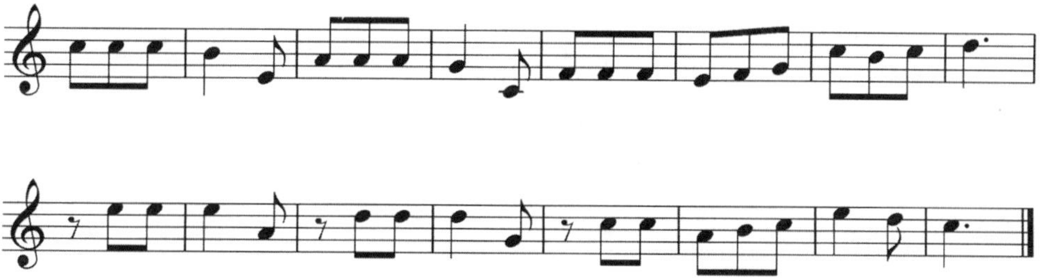

51.

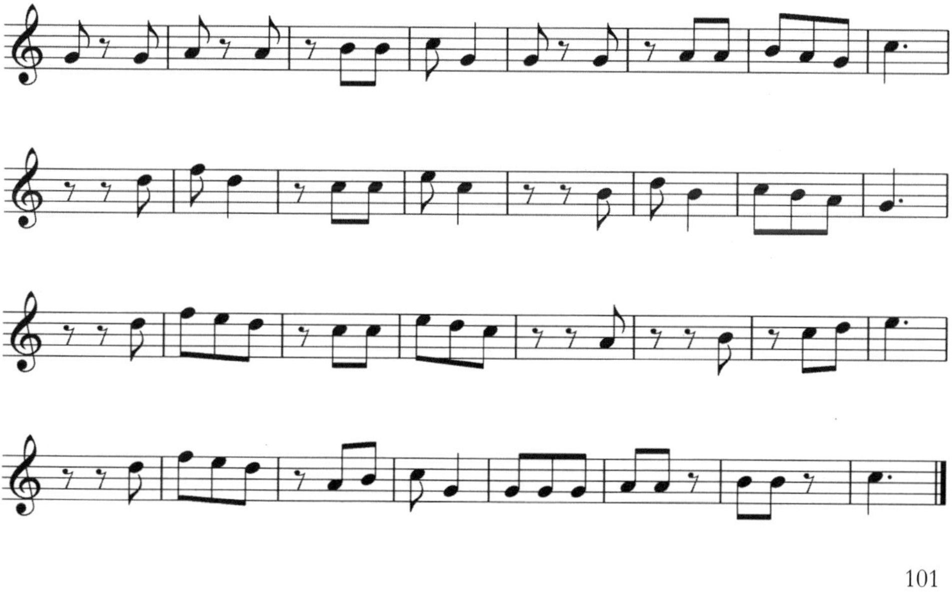

C - TONALIDADE DE SOL

55.

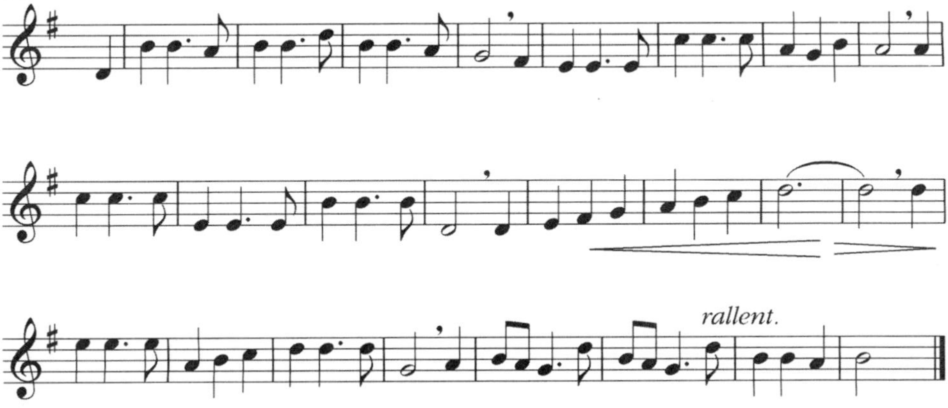

56.

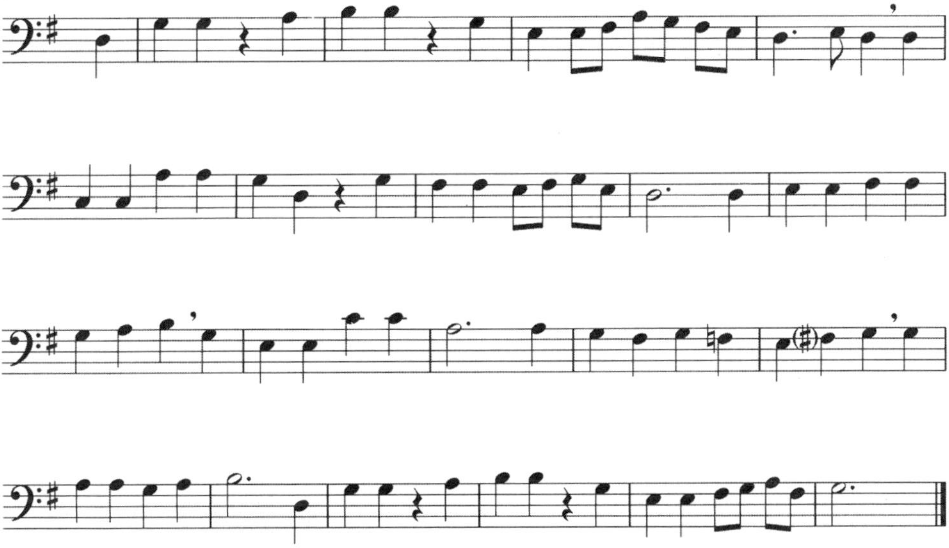

57.

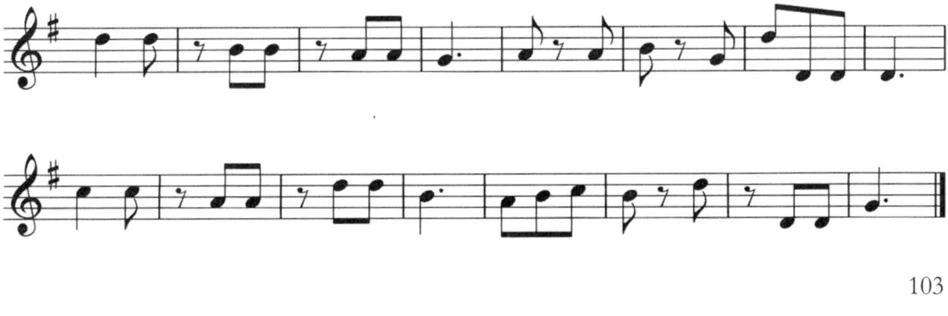

D - TONALIDADE DE FÁ

58.

59.

60.

ralent. _ _ _ _ _ _

61.

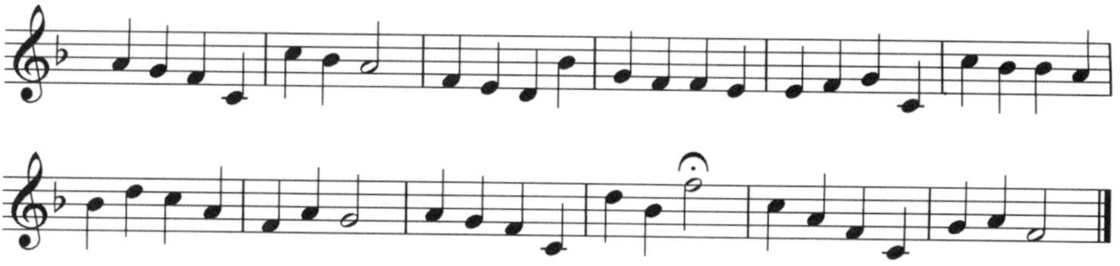

62.

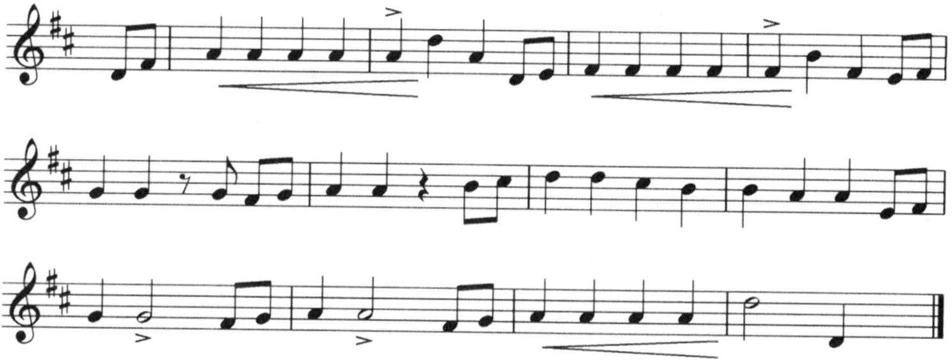

63.

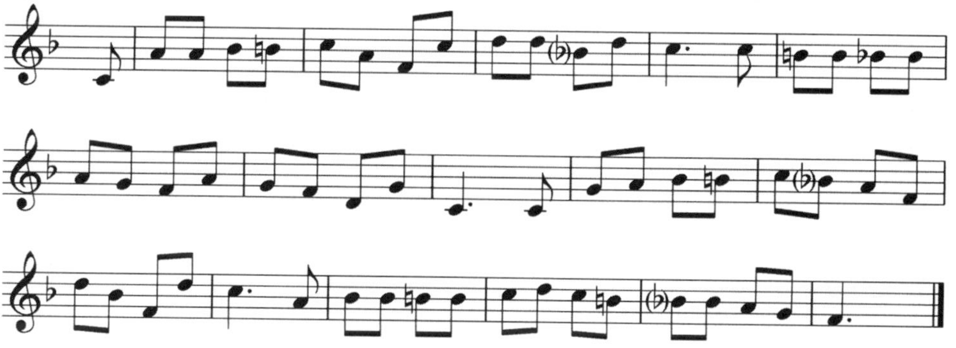

64.

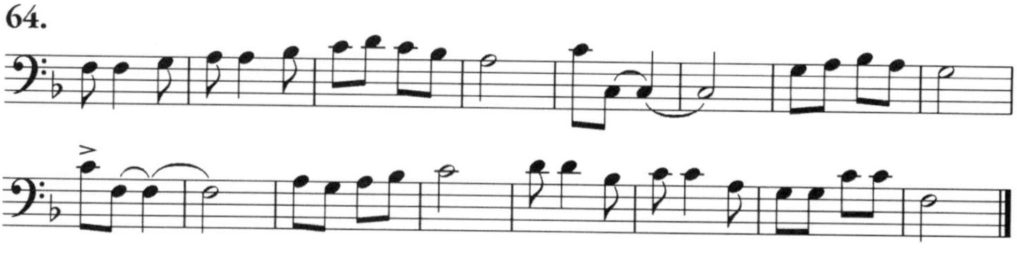

E - TONALIDADE DE RÉ

65.

66.

67.

68.

F - MODULAÇÕES

69. *moderado*

70. *alegre*

71. *moderado*

72.

* Alteração de precaução.

G – SOLFEJOS DE INTERVALOS

Apesar de estes solfejos se destinarem à valorização dos intervalos, é ainda o sentido tonal e o lugar de cada nota na tonalidade que contam na leitura. O conhecimento dos intervalos irá se manter bastante relativo, limitando-se ao conhecimento quantitativo (número de graus).

Segundas

73.

74.

75. *vivo*

Terceiras

76.

77.

78. *lento*

79. *moderado*

Quartas

80.

81.

rallent. _ _ _ _

82.

83.

Quintas

84.

85. *moderado* ... *fim* ... D.C.

86.

87.

Sextas

88.

Sétimas

92.

Oitavas

96.

97.

98.

99.

Intervalos grandes

100.

104. *decidido*

105. *narrativo*

106. *enérgico*

117

H - LEITURAS A DUAS VOZES

Terceiras

111.

112.

113. *vivo*

rall. *a tempo* *rall.*

114. *moderado* *fim* *animado*

Terceiras e Sextas

115.

116.

117.

118.

Quintas
119.

Quintas e Quartas
120.

Segundas e Sétimas
121.

Intervalos diversos

Capítulo IV
LEITURAS EM SEMICOLCHEIAS
A – LEITURAS RÍTMICAS

A Semicolcheia vale a metade de uma Colcheia. Assim, uma Colcheia contém duas Semicolcheias: ♪ = ♪♪ ou ♫ , e uma Semínima contém 4 Semicolcheias: ♩ = ♫ = ♬

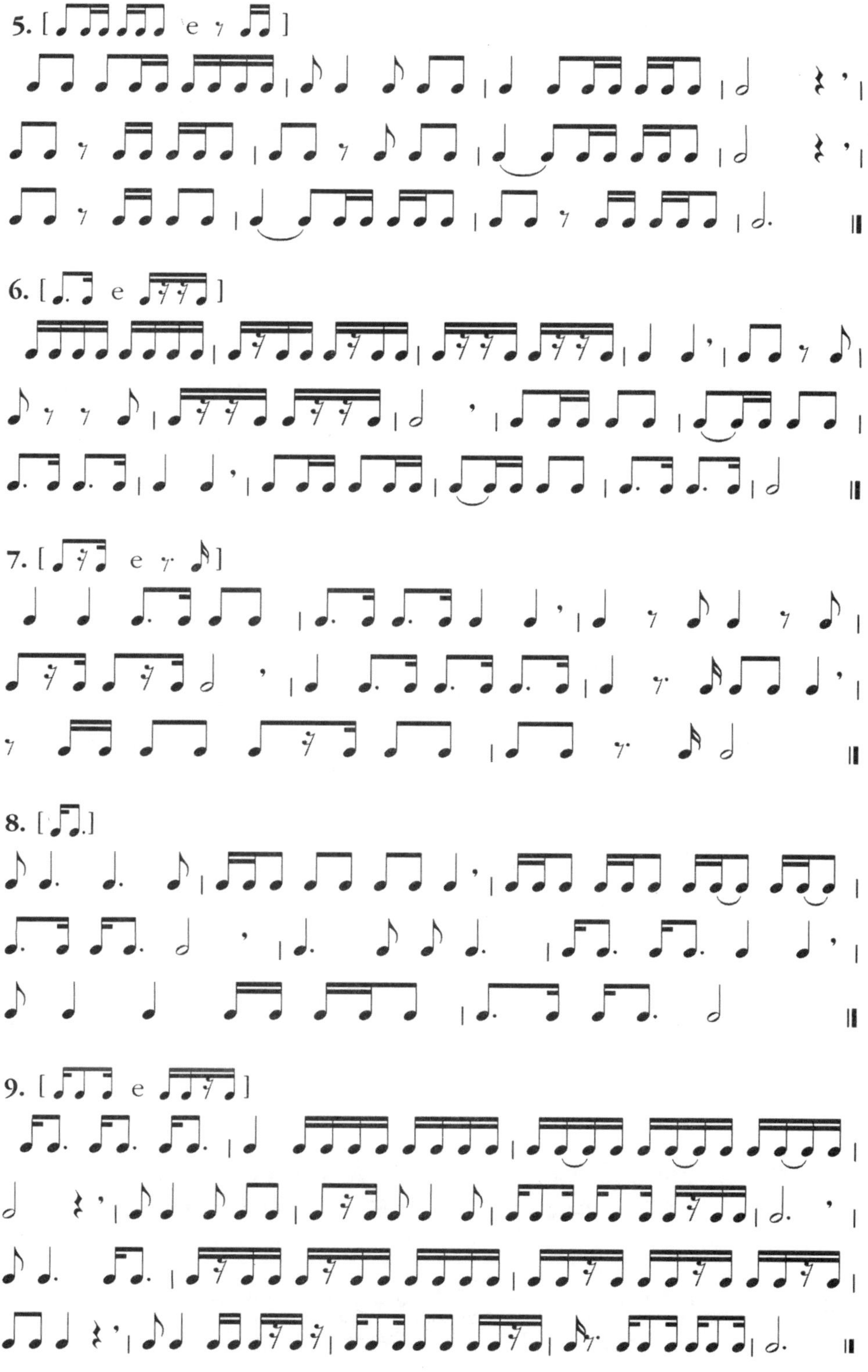
5. [e]
6. [e]
7. [e]
8. [ ]
9. [e]

B - LEITURAS MUSICAIS

1.

2.

3.

4.

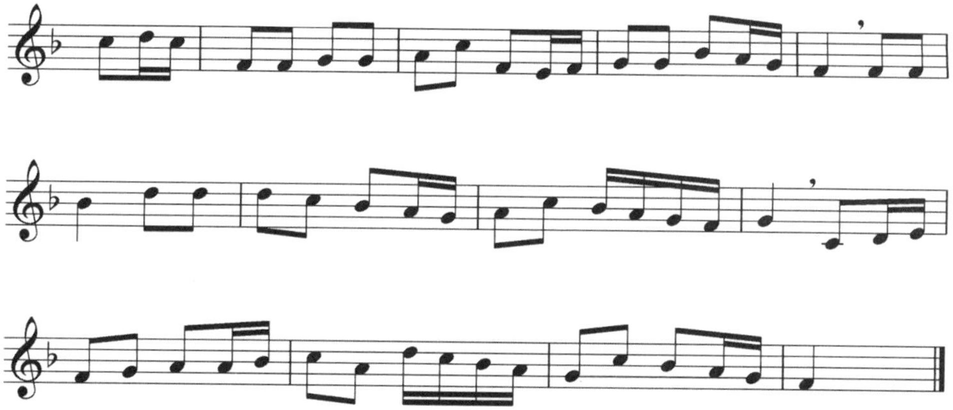

5.

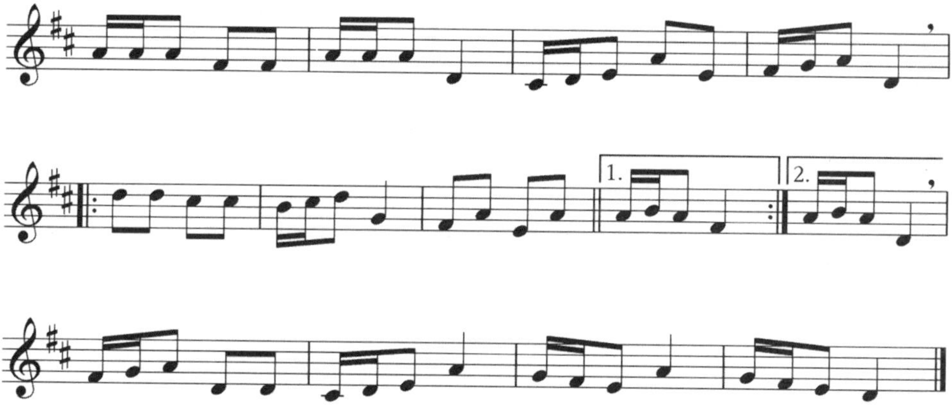

6.

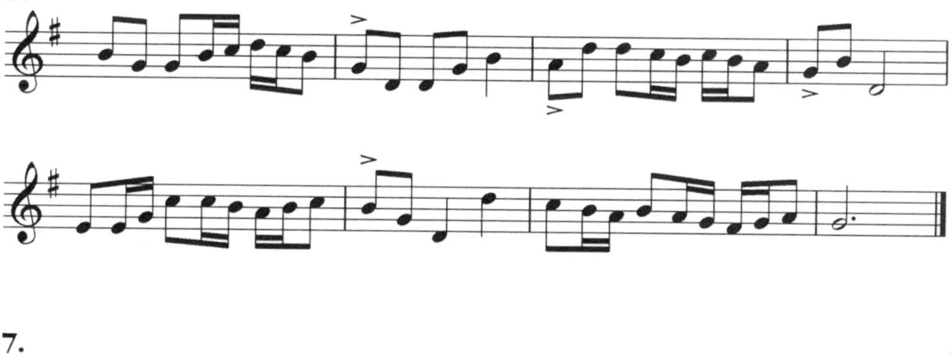

7.

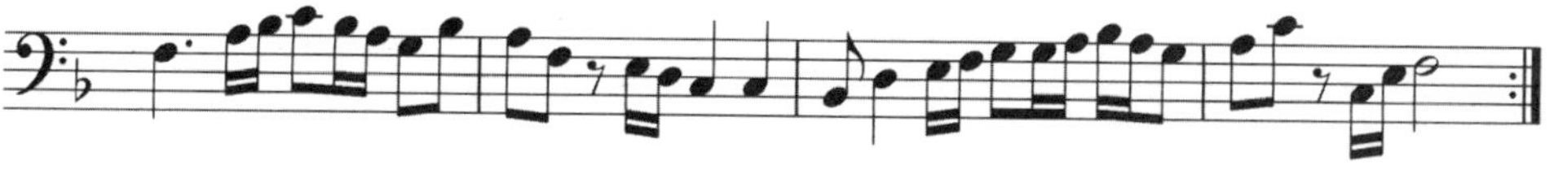

8.

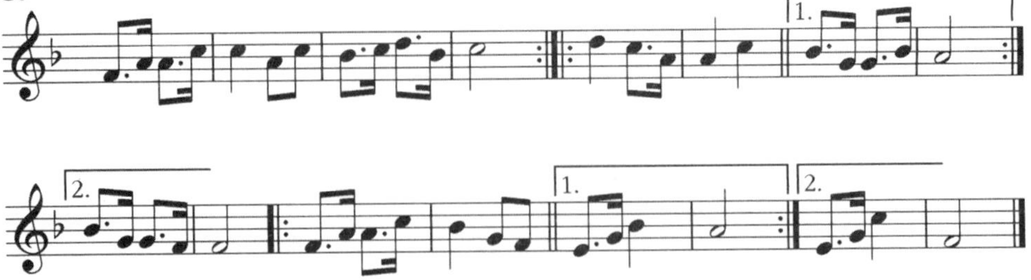

9.

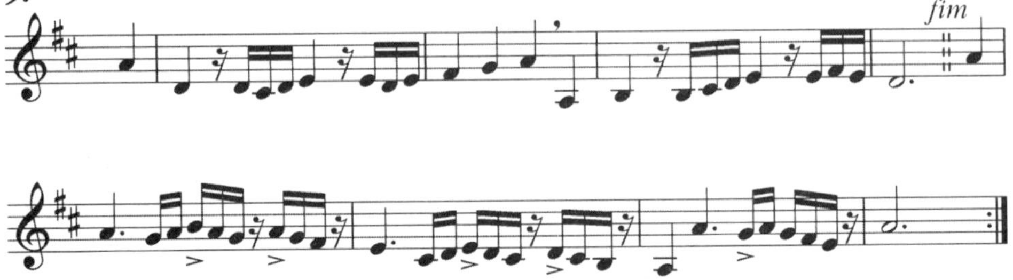

10.

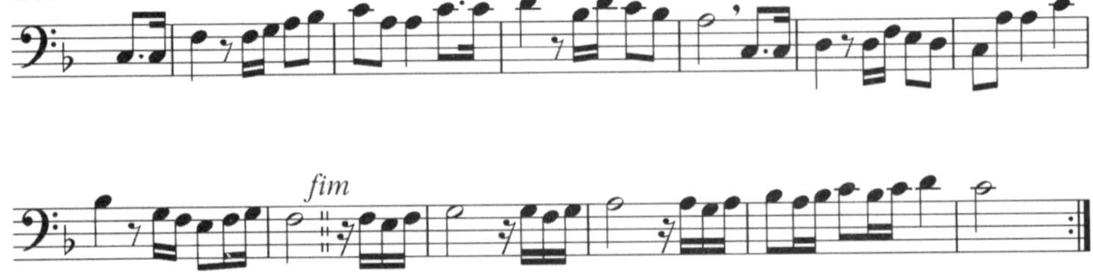

11.

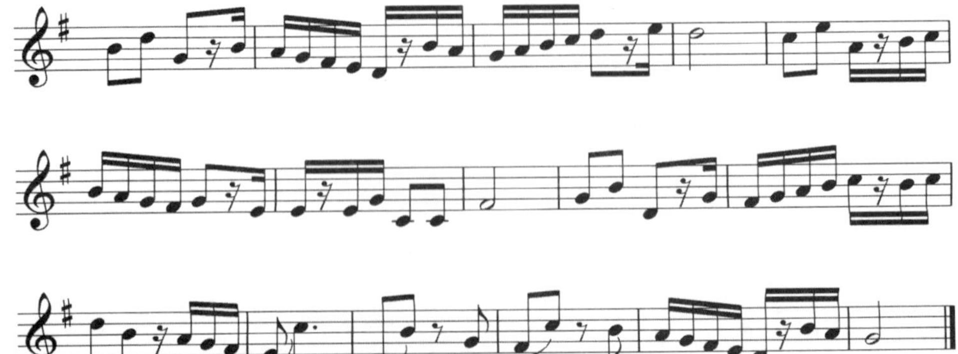

12.

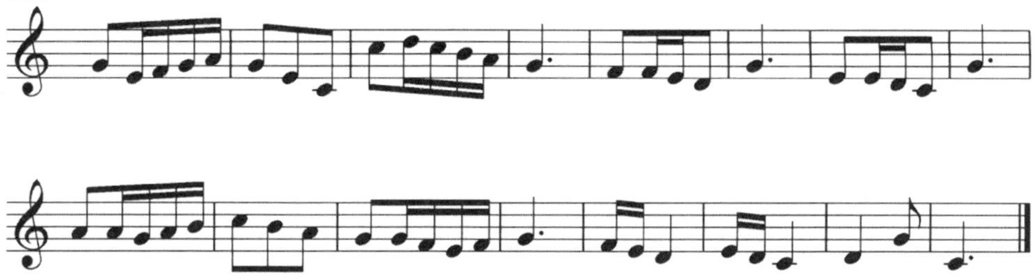

13.

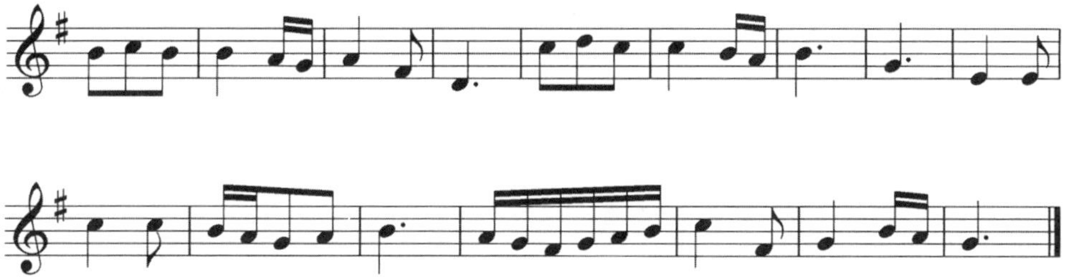

14.

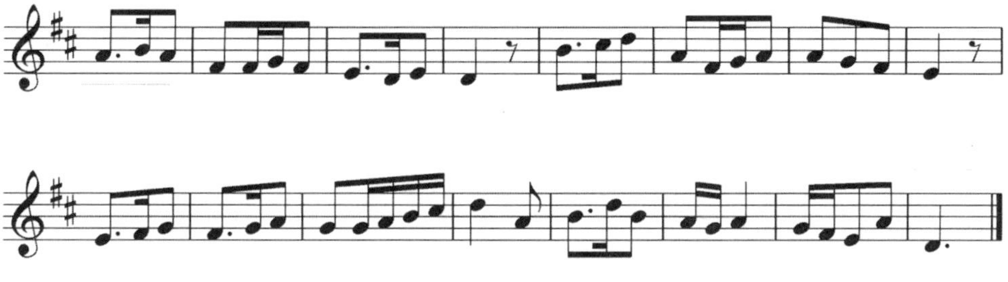

15.

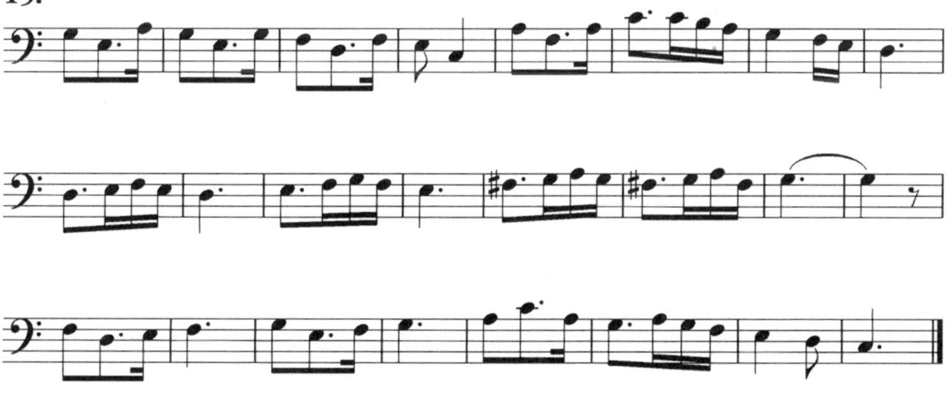

TERCEIRA PARTE
ELEMENTOS TEÓRICOS PRÁTICOS
Capítulo I
A IMPROVISAÇÃO

Neste título, não estão incluídas as primeiras tentativas de improvisação rítmica ou melódica dos alunos da Iniciação.

A verdadeira improvisação também não é "composição instantânea" como pretendem muitos tratados clássicos de improvisação; é *impulso espontâneo, humano*, partindo livremente do *amor pelas relações sonoras*, melódicas e rítmicas, próprias à expressão da sensibilidade artística e humana. A composição, obedecendo a leis bem determinadas, é de origem mais mental e portanto, menos livre do que a verdadeira improvisação. Esta deve, evidentemente, ser dominada e canalizada, embora mantendo elementos de espontaneidade.

É provável que a tendência para a improvisação possa prejudicar a virtuosidade mas, em contrapartida, é a prova da existência de uma vida musical interior. A sua realização beneficia a musicalidade, e assim, a Arte, e, por conseguinte, os valores humanos.

A – A IMPROVISAÇÃO RÍTMICA

Apesar de a improvisação rítmica ser aparentemente facilitada com a união da melodia ao ritmo, as suas diferentes naturezas tornam praticamente indispensável a separação dos dois elementos.

O ritmo espontâneo é *propulsão dinâmica* da ordem do *instinto* e está ligado á *imaginação motriz*. De natureza mais material, é portanto o ritmo que dá a melodia à forma indispensável e, na improvisação, como nas outras formas de realização musical, tem a prioridade, enquanto a melodia tem a primazia.

Aliás, na maioria dos casos em que se revelam dificuldades de improvisação, as causas estão em deficiências do sentido rítmico, impondo-se a improvisação rítmica, livre e medida.

EXERCÍCIOS

I. A *improvisação livre* não é psicologicamente fácil de obter, nem fisiologicamente fácil de realizar; mas a compensação vale o esforço feito no sentido de obter um mínimo de resultado válido.

Pode ser praticada por "batimentos" diversos, realizados sobre uma mesa ou sobre o próprio corpo, ou com o auxílio, mais estimulante, de instrumentos de percussão.

Em qualquer dos casos, a realização será à base do impulso dinâmico natural, do movimento corporal e do choque rítmico, e os efeitos pretendidos são *movimentos rítmicos vivos e naturais*, harmoniosamente equilibrados no contraste e na variedade dos elementos em jogo:

    a) de Duração: curto-longo; rápido-lento; apressando-atrasando;
    b) de Intensidade: forte-fraco; crescendo-diminuindo.

II. A *improvisação medida*, mais fácil de realizar do que a improvisação livre, devido à regularidade dos ritmos, torna mais agradáveis os primeiros exercícios de improvisação. Como sucessão das diferentes formas de improvisação medida, propõe-se:

1. Pequenos *motivos rítmicos*, improvisados sobre marcação de compasso em dois, três ou quatro tempos.
2. *Improvisação prolongada*, também com compasso.
3. Em forma de *pergunta-resposta*, entre professor e aluno ou entre dois alunos; à pergunta de caráter interrogativo, a resposta de caráter conclusivo. Ex:

pergunta - ♩ ♫ ♩ ♩ ,   resposta - ♫ ♫ ♩

4. Duplicar a pergunta e a resposta, ou fazer quatro frases por quatro alunos, de forma a obter a *quadratura*, muito importante por ser uma das formas de construção musical mais comuns e bem definidas.
5. A *quadratura inteira* realizada pelo mesmo aluno.
6. A consciência da *fórmula perfeita da quadratura*: quatro frases de quatro compassos. Nos compassos mais longos, como 4/4, 6/8 etc, a fórmula pode ser quatro frases de dois compassos (ver exemplos nos exercícios de solfejo).
   Se o aluno tem dificuldade de sentir ou ter consciência da quadratura, esta pode ser trabalhada:
   a) Com movimentos corporais sobre canções;
   b) Andar, contando e depois improvisando: quatro passos à direita, quatro passos para o centro, quatro passos à esquerda e mais quatro passos para voltar ao centro.
   c) Andar o número de tempos correspondentes a quatro compassos, uma vez para a frente, outra no sentido inverso, a terceira vez para a frente, outra vez no sentido inverso. Simultaneamente a estes movimentos e a marcação do compasso com os braços: 1. contar o número de compassos no primeiro tempo de cada um; 2. substituir a contagem por um vocábulo; 3. improvisar ritmicamente, terminando corretamente as frases no fim de cada quatro compassos;
   d) Contar o número de compassos e frases de uma quadratura realizada por outra pessoa;
   e) Contar (com os dedos) o número de compassos e frases da sua própria improvisação.
7. Improvisar *atendo-se a determinados elementos* da escrita musical: figuras, fórmulas, as diferentes anacruses.
8. Improvisar com um *caráter expressivo* pré-determinado: marcha, dança, narração etc (esta improvisação pode ser acompanhada de movimentos corporais, sobretudo dos braços, a fim de se acentuar o caráter expressivo do tempo).

B – A IMPROVISAÇÃO MELÓDICA

A improvisação melódica resulta particularmente de um *estado da alma*; deve, pois, brotar do coração (expressão simbólica) e não do cérebro.
Nunca será demais insistir no caráter sensível, receptivo, da improvisação melódica, que deveria, por este motivo, ser praticada no decurso de toda a educação musical.

Quando um aluno tem o dom da improvisação, mas não consegue exterioriza-la em um instrumento, uma das principais causas é certamente a falta de automatismo dos nomes das notas, indispensável quer por audição absoluta, quer por audição relativa.

Para alguns improvisadores do jazz, o nome das notas é inexistente, e substituído por uma técnica instrumental, visual e tátil. Mas, nesse caso, o músico ficará limitado a algumas tonalidades e reduz consideravelmente as possibilidades de aquisição de uma cultura musical clássica.

EXERCÍCIOS

1. *Improvisação livre*, sem sujeição rítmica ou melódica (nomes das notas, compasso etc), mas com preocupação de uma forma rítmica harmoniosa, embora também livre.

2. Improvisação entoada *sobre um motivo rítmico* dado, que o aluno repete previamente, várias vezes seguidas.

3. Improvisações em forma de *pergunta e resposta*, sem e com compasso, sem e com nomes das notas, por frases pequenas e simples, ou maiores e mais difíceis:
   a) o professor *pergunta*; o aluno *responde* (frase conclusiva);
   b) o aluno *pergunta* (frase aberta); o professor *responde*.

Exemplo de frases simples:
pergunta   resposta

Exemplos de frases mais complexas:
pergunta   resposta

N. do E. - Se, no princípio, o aluno mostrar certa dificuldade em realizar frases conclusivas, o professor não deve resolver a questão por processos teóricos, mas sim levá-lo a sentir o valor conclusivo da tônica.

4. Improvisação *com compasso e quadratura*, seguindo as normas dadas para a improvisação rítmica. Segundo o desenvolvimento dos alunos, poderá ser realizada:
   a) sem e com os nomes das notas;
   b) primeiro em Dó, depois nas outras tonalidades;
   c) primeiro nos compassos simples, depois nos compassos compostos, mesmo antes do seu conhecimento teórico;
   d) primeiro nos modos maiores, depois nos menores, mesmo antes de serem praticados nas leituras.

5. Improvisação em *forma ternária*: A-B-A, ou outras (ver exemplos nos exercícios de solfejo).

6. Improvisar *sobre um ritmo escrito*, quaternário ou ternário. Também segundo outras formas de sujeições rítmicas, como as indicadas na improvisação rítmica.

7. Improvisações *com sujeições melódicas*, com e sem nomes das notas: em graus conjuntos à base de terceiras, dentro do pentacórdio, com aplicações de um intervalo escolhido (por exemplo, o de oitava), sobre as notas de um acorde, sem e com as notas de passagem.

8. Improvisar *segundo um estado de alma* pré-determinado: alegria, leveza, melancolia, ansiedade, solenidade etc.

9. Improvisação *a duas vozes* em terceiras, por professor e aluno ou por dois alunos.

10. A *improvisação harmônica* (sobre fórmulas cadenciais) realizada conscientemente, não entra na matéria de solfejo elementar, mas pode ser já preparada com alguns exercícios relativamente acessíveis:
   a) o professor toca uma fórmula cadencial, repetindo-a o número de vezes suficiente para que os alunos a memorizem e improvisem sobre ela, por instinto.
   b) os alunos podem improvisar sobre as notas de um único acorde, por exemplo, dó-mi-sol-dó:

Exemplo, sem notas de passagem:

Exemplo, com notas de passagem:

c) Reunindo os acordes do I e V graus, pode se obter um início de improvisação sobre fórmula cadencial estruturada, relativamente fácil como, por exemplo, I-I-I-V'-V-V-V-I.

Exemplo:

I I I V V V V I

d) Antes da improvisação do tipo indicado no item c, os alunos devem realizar, em leitura, alguns exercícios introdutórios, como os que se seguem, sobre uma fórmula cadencial escrita na pauta (por exemplo a fórmula I-I-V-I'-IV-I-V-I):

1. Os acordes simples

I I V I IV I V I

2. Os acordes com as notas de passagem:

3. Idem, com o ornato superior da 5ª.:

4. Com o ornato inferior da fundamental:

5. Com o ornato inferior da fundamental, e o superior da 5ª.:

Capítulo II
O DITADO MUSICAL

Antes de entrarem no ditado musical, os alunos devem praticar a *improvisação* com os nomes das notas, baseada na *audição interior*. Os nomes das notas têm no ditado uma importância capital e, um mínimo de automatismo, por audição relativa ou absoluta, é indispensável.

Por outro lado, o ditado global deve ser preparado com um trabalho isolado das diferentes dificuldades, de escrita, melódica e rítmica, para que se possa fazer o seu funcionamento simultâneo, como é próprio do ditado.

A – PREPARAÇÃO DO DITADO ESCRITO

Como exercício de escrita das notas e memorização dos nomes, o professor, ou um aluno, diz uma sucessão de notas que deverão ser escritas na pauta rapidamente e não demasiadamente aproximadas:

a) motivos menores: dó-ré-mi-ré-dó; ré-mi-fá-sol-fá etc;
b) motivos maiores: dó-ré-mi-fá-sol-mi-dó; dó-ré-dó-ré-mi-fá-sol-lá-sol etc.

B – PREPARAÇÃO DO DITADO MELÓDICO

O ditado melódico escrito deve ser precedido de *ditados orais*. Os alunos marcam um compasso dado, enquanto o professor dá *pequenas frases melódicas* para reproduzir:

1. entoando;
2. cantando com os nomes;
3. escrevendo, sem preocupação dos valores rítmicos (mas podendo deixar um espaço indicativo dos valores longos).

C – PREPARAÇÃO DO DITADO RÍTMICO

No que diz respeito ao ditado rítmico, o procedimento poderá ser o seguinte:

1. os alunos batem os tempos, e o professor dita pequenas frases rítmicas com os valores conhecidos, que serão escritas a seguir;
2. o professor executa um ditado inteiro, do qual os alunos determinam o compasso, sentindo os tempos e a subdivisão;
3. para escrever imediatamente, o professor dita por frases de tamanho acessível, repetindo-as duas ou três vezes;
4. antes de as escreverem, os alunos repetem-nas marcando o compasso.

D – DITADO GLOBAL, MELÓDICO E RÍTMICO

O ditado global comporta uma acumulação de dificuldades que exigem na realização, uma técnica disciplinada.

O procedimento será o seguinte:

1. O professor toca o trecho por inteiro, para que os alunos determinem o compasso e a tonalidade. Para esse efeito, será dado o Lá como primeira e última nota.

2. Para determinarem o compasso, os alunos procuram: os tempos, o primeiro tempo do compasso e a subdivisão dos tempos;
   para determinarem a tonalidade, os alunos, tendo aprendido a reconhecer auditivamente a tônica, partem do Lá final em direção a ela, realizando os graus intermediários com os nomes das notas.
   A audição interior da tônica não será depois abandonada, durante toda a realização do ditado.

3. O professor verifica e corrige as indicações de compasso e tonalidade, não deixando os alunos partirem com dados errados.

4. O professor dá o ditado por frases de tamanho acessível ao desenvolvimento dos alunos, repetindo-as duas ou três vezes. Os alunos apenas ouvem, procurando retê-las através das memórias rítmica e melódica.

5. Os alunos repetem a frase ouvida, entoando; depois, se possível, cantam-na com os nomes das notas.

6. as frases serão escritas rigorosamente pelo seguinte processo:
   a) anotar a linha melódica na pauta, por meio de pequeninas notas sem figura rítmica;
   b) colocar as barras de compasso;
   c) determinar os pormenores rítmicos. Se, para isso, for necessário assinalar os tempos, os alunos poderão fazê-lo por meio de um pequeno sinal convencionado.

Capítulo III
O ESTUDO DOS INTERVALOS

Um intervalo é uma *relação entre dois sons* ou duas notas. Esta relação pode ser de natureza *quantitativa* (número de graus que separam as duas notas), ou *qualitativa* (consonância-dissonância).

Dado o valor da ordenação natural dos sons, é a natureza quantitativa do intervalo que primeiro importa para o trabalho prático de avaliação. Por outro lado, o intervalo tem um valor: 1. em si mesmo; 2. em relação à tonalidade.

Os primeiros exercícios devem se referir portanto à natureza quantitativa do intervalo, e também à sua relação tonal (relação de cada grau com a sua tônica):

1. Exercícios preparatórios
  a) os policórdios e os intervalos:
   (cantar, dizendo o número de notas e o nome dos intervalos)

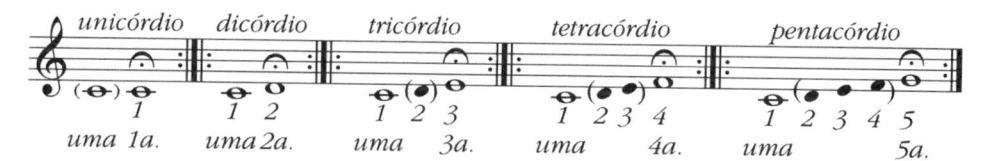

unicórdio   dicórdio   tricórdio   tetracórdio   pentacórdio
  1   1 2   1 2 3   1 2 3 4   1 2 3 4 5
uma 1a.   uma 2a.   uma 3a.   uma 4a.   uma 5a.

hexacórdio   heptacórdio   octocórdio
1 2 3 4 5 6   1 2 3 4 5 6 7   1 2 3 4 5 6 7 8
uma   6a.   uma   7a.   uma   8a.

  b) as notas e os intervalos:
   (cantar as notas e os intervalos, com ou sem as notas intermediárias, primeiro em Dó, depois nas outras tonalidades)

dó dó   dó ré   dó (ré) mi   dó (ré mi) fá
uma 1a.   uma 2a.   uma 3a.   uma 4a.

Proceder da mesma forma para os outros intervalos até a Oitava.

2. *Exercícios auditivos*:
  a) Determinar quantitativamente intervalos melódicos dados dentro de uma tonalidade, a partir da tônica.
  b) Determinar intervalos dados a partir de qualquer som, que os alunos deverão considerar como uma tônica para realizarem os sons intermediários.

c) Determinar intervalos dados harmonicamente, entoando cada um dos sons dados.
d) Dado um som, cantar o segundo som de um intervalo pedido. A mesma coisa pode ser feita com os nomes das notas.

3. *Exercícios cerebrais e de escrita*:
   a) Recitar os nomes das notas da ordenação dos intervalos (exerc. 2.)
   b) Dizer os nomes por sucessões de 3as., 4as., 5as. etc.
   c) Dizer nomes de notas para intervalos pedidos.
   d) Classificar intervalos escritos na pauta.
   e) Escrever intervalos na pauta, por relatividade e por absoluto.

4. *O ditado de intervalos*:
   O ditado escrito de intervalos é uma nova aplicação dos exercícios já realizados; trata-se apenas de realizá-los interiormente:
   a) O professor dá uma série de intervalos (por exemplo, dez), e o aluno escreve as respectivas classificações no caderno.
   b) Para cada intervalo, o professor acrescenta a indicação de uma nota (escrita por relatividade ou por absoluto); os alunos deverão escrever na pauta o intervalo completo e, eventualmente, com os nomes das notas.

5. *Os intervalos simétricos e assimétricos*:
   Este aspecto dos intervalos (valorizado por André Gedalge, no início do século XX) é de particular interesse para a escrita e a leitura por relatividade na pauta. Tanto do ponto de vista melódico como harmônico, permite criar automatismos visuais e nominais que devem funcionar a par da audição. Na transposição por relatividade, o seu valor é básico.

Intervalos simétricos:
Os que permitem a colocação de um eixo entre as duas notas.
   3as.   5as.   7as.

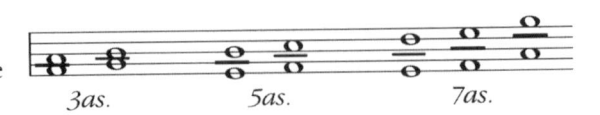

Intervalos assimétricos:
Aqueles em que a colocação do eixo não é possível.
   2as.   4as.   6as.   8as.

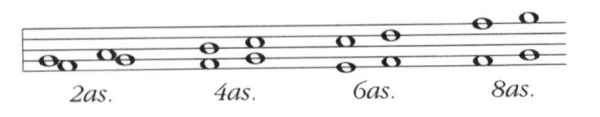

Para o treino deste aspecto da leitura dos intervalos, são possíveis alguns exercícios orais ou escritos como: classificação dos intervalos em simétricos ou assimétricos, classificá-los numericamente, aplicar os nomes das notas.

Pela simplicidade destes exercícios, as suas formas variadas de realização ficam confiadas à imaginação dos professores, como em tantos outros casos.

Capítulo IV
AS ORDENAÇÕES

Chama-se também "ordenação" à progressão de um motivo melódico realizado na tônica e retido em todos os graus da escala.

Pretende-se, com estas observações, ajudar a adquirir e a firmar o automatismo dos nomes das notas e, através deles, favorecer a tomada de consciência de determinados elementos da construção musical.

O aspecto quantitativo destes elementos é o primeiro a ser necessário para a sua conscientização; o aspecto qualitativo vem se associar-lhe, mas de forma menos consciente. No entanto, como ele é o mais importante do ponto de vista artístico, deve ser cuidadosamente evitado o estilo "exercício técnico". Todo o motivo, ainda que destinado à técnica, - e mesmo à virtuosidade, se lhe acrescentar velocidade – deve manter, na essência e na realização, qualidades expressivas de vida musical.

No sentido de auxiliar a musicalidade e a participação ativa dos estudantes, as ordenações serão, tanto quanto possível, criadas por eles próprios; quanto ao professor, deve ter pleno conhecimento dos princípios que regem a sua invenção e aplicação.

Diretrizes de realização:

a) O motivo-tema é repetido em todos os graus da escala, no sentido ascendente e descendente. Logo que a tessitura da voz o exija, faz-se a transposição vocal à 8ª. inferior ou superior.
b) A mesma ordenação deve ser vivificada por diferentes ritmos e formas de expressão.
c) O trabalho prático será: entoar, cantar com as notas nas várias tonalidades, recitar os nomes, escrever.
d) Cada ordenação será recapitulada até uma perfeita automatização.

Princípios de construção:

1. O motivo pode ser construído dentro dos diferentes policórdios, o que representa um interesse simultaneamente auditivo e instrumental.
2. A fim de salientar o valor sonoro de cada nota da tonalidade, os motivos podem terminar na 1ª., 2ª., 3ª. etc.
3. A intenção do motivo visa diferentes elementos da construção musical, como os exemplos que se seguem.

EXEMPLOS

Graus conjuntos:

Notas repetidas: *tricórdio* (term. na 3a.) — *tetracórdio* (term. na 2a.) — (term. na 4a.)

Idem, em movimento melódico acentuado: *pentacórdio* (term. na 5a.)

Graus disjuntos: *variante rítmica*

Intervalos:
- *terceira* — *sexta*
- *oitava* — *sucessão de intervalos*

Acordes:
- *perf. M.* — *idem com a 8a.*
- *acorde de 6a./3a.*
- *acorde de 6a./4a.*

Capítulo V
AS TONALIDADES E A TRANSPOSIÇÃO

Nas teorias clássicas, a concepção teórica e prática das tonalidades assenta em uma estrutura de tons e meios tons, tomando como base essencial as relações de nota para nota, na escala.

Pessoalmente, preferimos assentar numa realidade sonora psicológica, na qual se tornam essenciais as relações das diferentes notas da escala com a tônica, formando intervalos de determinada espécie. Na escala maior: 2^a.M, 3^a.M, 4^a.P, 5^a.P, 6^a.M, 7^a.M, 8^a·P. todas as escalas da era harmônica têm a sua estrutura particular concebida de forma idêntica. Esta concepção permite estabelecer na consciência dos alunos uma ordenação orgânica dos sons.

As diferentes tonalidades são transposições da tonalidade modelo.

A transposição, praticada à base da relatividade auditiva, é um dos melhores meios de desenvolvimento do sentido tonal e do conhecimento auditivo das tonalidades. Pode ser de várias espécies:

a) entoadas, de ouvido, com base na memória auditiva;
b) com os nomes das notas, com base no conhecimento auditivo das tonalidades, com automatismo dos respectivos nomes, em especial: 1. da tônica e, se possível, das notas do acorde da tônica; 2. da relação tônica-dominante, que dá os dois pólos da tonalidade; 3. da sensível (sétimo grau), intimamente ligada à tônica;
c) lida, com base na relatividade da pauta (leitura por graus conjuntos, terceiras, intervalos simétricos e assimétricos) ou do conhecimento das claves;
d) escrita, com base no conhecimento teórico das tonalidades e das respectivas armações de clave;
e) tocada, com base no conhecimento tátil de cada tonalidade sobre cada instrumento.

Como matéria de solfejo elementar, é interessante:

1. a transposição entoada de canções, embora se trate de uma prova musical mais próxima da fase pré-solfégica;
2. a transposição com os nomes das notas de: canções, todos os elementos de ordenação, melodias sabidas de cor;
3. a transposição lida dos solfejos mais fáceis, por relatividade e sem preocupação das alterações.

O conhecimento auditivo das tonalidades não é uma aquisição fácil para a maioria dos alunos. Muitas vezes, sobretudo nos adultos, a associação entre sons e nomes se faz com bastante dificuldade. Neste caso, pode ser útil a prática de uma série de exercícios realizados antes das leituras, improvisações, ditados ou transposições, destinados a facilitar a automatização dos nomes nas diferentes tonalidades. Por exemplo:

1. A escala

2. Os intervalos da escala

3. A ordenação por terceiras

4. A ordenação por quartas

5. Os acordes e as quintas

6. A canção das notas da tonalidade

o acorde da Tônica   a 4a. e a 6a.   a 7a.   a 2a.

7. As notas que resolvem sobre o acorde da tônica:
com apoio mental da tônica:

a 2a.   a 4a.   a 6a.   a 7a.

ou com ataque imediato:

ÍNDICE

Prefácio	5
Introdução	6
As lições de solfejo	7
Os trabalhos para casa	8

PRIMEIRA PARTE
Preparação à leitura musical

Considerações gerais — 9

Capítulo I
EXERCÍCIOS SOBRE AS TRÊS ORDENAÇÕES ELEMENTARES: DOS SONS, DOS NOMES, DAS NOTAS

- **A** – A ordem dos sons da escala diatônica — 10
- **B** – A ordem dos nomes das notas — 11
- **C** – A ordem das notas na pauta — 13

Capítulo II
LEITURA POR RELATIVIDADE NA PAUTA SIMPLES, SEM CLAVE

- **A** – Leitura por graus conjuntos — 15
- **B** – Graus conjuntos e notas repetidas — 17
- **C** – As terceiras — 18
  - Leituras com terceiras — 20

Capítulo III
O RITMO E A MÉTRICA

- **A** – Exercícios de ritmo e métrica sem leitura — 22
- **B** – Introdução às figuras rítmicas — 23
- **C** – Leituras rítmica sem compasso — 24
- **D** – Leituras rítmicas em compasso — 25
  - Compasso de dois tempos — 26
  - Compasso de quatro tempos — 27
  - Compasso de três tempos — 28
  - Compassos a reconhecer — 29
- **E** – Exercícios de ritmo e métrica a realizar na aula — 30

Capítulo IV
A PAUTA TOTAL DE ONZE LINHAS — 31
- Desenho de elementos gráficos — 32
- Leitura por absoluto e por relatividade na pauta dupla — 33
- Leituras na pauta dupla — 35

SEGUNDA PARTE
Leituras musicais nas claves de sol e de fá

Considerações gerais   39

Capítulo I
TONALIDADE DE DÓ
Semínima, mínima e semibreve

A – O Pentacórdio Dó-Sol	39
B – O acorde da tônica: Dó-Mi-Sol-Dó	46
C – A Escala	48
D – Notas que ultrapassam a escala de Dó	51
E – Entradas em anacruse	56
F – Contratempo	58
G – Síncopa	59
H – A expressão	60
I – Cânones	63
J – Leituras a duas vozes	66

Capítulo II
TONALIDADES DE SOL, FÁ E RÉ
Semínima, mínima e semibreve

A – Tonalidade de Sol	72
B – Tonalidade de Fá	74
C – Tonalidade de Ré	76
D – A modulação	77
E – Leituras a duas vozes	78

Capítulo III
LEITURAS EM COLCHEIAS

A – Leituras rítmicas	83
B – Leituras musicais na tonalidade de Dó	87
C – Tonalidade de Sol	102
D – Tonalidade de Fá	104
E – Tonalidade de Ré	106
F – Modulação	107
G – Solfejos de intervalos	108
H – Leituras a duas vozes	118

Capítulo IV
LEITURAS EM SEMICOLCHEIAS

A – Leituras rítmicas	122
B – Leituras musicais	124

TERCEIRA PARTE
Elementos teóricos e práticos

Capítulo I
A IMPROVISAÇÃO
   A – A improvisação rítmica   128
   B – A improvisação melódica   130

Capítulo II
O DITADO MUSICAL
   A – Preparação do ditado escrito   133
   B – Preparação do ditado melódico   133
   C – Preparação do ditado rítmico   133
   D – O ditado global, melódico e rítmico   134

Capítulo III
O ESTUDO DOS INTERVALOS   135

Capítulo IV
AS ORDENAÇÕES   137

Capítulo V
AS TONALIDADES E A TRANSPOSIÇÃO   139